沖縄の中小企業・
同族会社

起業から
事業承継相続まで

平良　修　著
（税理士）

平良修税理士事務所

はじめに

ウィズコロナの時代へ

コロナ感染症の時代は終息したようであり、今後はインフルエンザのように流行病になるように思えるが、形を変え再発するのかこの先よくわからないが、どうやらウィズコロナの時代に入るようである。コロナ禍の時代に企業に与えた影響は大きい。

コロナ期は、コロナ感染症の拡大を防ぐため、お客さんとの面談訪問や会社内のコミュニケーションが大きく制限された。応接室や各人の机間にもパーティションが立てられ空気換気の改善や雑談の減少など事務室内の雰囲気も変わった。お客さんに提供するお茶も帰り際のペットボトルに変わった会社もあるといいお客さんとの会話も少なくなった。

さらにコロナ禍により人との接触を防ぐため、ＩＴ活用の促進が図られ、多くの紙書類への署名、捺印などが不要となり、さらにＳＤＧｓが推奨され、職場から紙が消え電子に取り込まれる機会も増えた。ＩＴの進化によりシステムでできることはシステムにまかせ、人間でしかできないことのみを人間でやろうとする時代に向かうことは経済社会の合理性からも今後充分に予想される。

このような流れが変わる時代には、今まで必要とされていた商品サービス技術が消える反面、次の時代に必要とされるものが出てくる。経営者はそれを見逃さず応えなければならない、時代はどのように進み流れて行くのか、肌で感じ調べ研究し自社に当てはめ取り入れなければ時代に取り残されてしまう。

このことは一人の経営者だけが対応できるものではない、会社内部の人間力の差が企業の差となって現れる。人間力を高めるには、数少ない優秀な人材を確保することであるが、それは中小企業には簡単なことではない。中小企業でできることは在籍する社員の研修に力を入れ能力を高めることであり、社員も研修を受けたり、変化を取り入れたり会社の発展に努力をする責務がある。**会社は経営者一人のものではな**

い、そこで働く社員の生活の場であり人生のステージでもある。

コロナ禍の対策としてテレワークが叫ばれたがメリット・デメリットの影響が出た。ある経営者と社員を対象としたアンケートによると、デメリットとして多く挙げられたのが、社内コミュニケーションの不足である。次にテレワークで出来る仕事が限られることである。次に仕事の進捗度が掴めないことであり、取引先との意思疎通が難しいとのことである。メリットとしては、まず通勤時間や移動時間が無くなったこと、次にコロナを気にしなくて済むということであり、次に仕事と家庭のバランスをとることができるようになったとの意見があった。

以上のことは経営者は主に事業全体からの視点で見ており、社員は社員自身の働く立場の視点から見ており、この両者の立場の違いは今後も変わることはないと思われる。テレワークを活用する企業においては、生産性を下げることなく生産性が上がる方法で、仕事と家庭のバランスが取れるテレワークバランスを取り入れることが理想とされている。

半面、人を直に相手にする、飲食店、旅行観光、宿泊、介護や個人経営のお店、個人相手の美容理容業など対面式の事業者は多く、テレワークバランスが早急に進むとは考えにくい。ＡＩの進化により一部の業種で時短が進んだとしても格差が労働時間以外にも出てくる可能性があり、社会不満が生じることが予想され、将来に向けて社会全体で取り組むテーマの一つであると思われる。

企業経営を楽しむ

企業経営を楽しみつつ、経営する企業が発展し生き残っていくためには、どのような経営思考を必要とするのか。時代の流れを掴みその流れに乗って経営するという思考性を改めて考えてみることにした。会社安定の為の内部的経営思考と時代の流れに乗り改革し続ける外部的経営志向、この二つは、企業経営を自分の事として楽しく進める中で最も必要不可欠となるものである。

当社から見てお客さんがどのような商品サービスを求めているか、多くのお客さんは安くて良いものを望んでいる事には間違いはないが、安い高いは個人の経済力と市場のバランスで決まり、有益な良い商品、良いサービスかどうかは個々のお客さんによって評価される。企業から提供される商品サービス技術の品質や企業からの供給量そしてお客さんからの需要という市場の仕組みにより、当社の商品サービス技術がお客さんに売れるかどうか決まってくる。その為には、自らの商品やサービス技術がより多く売れるように、差別化されたお客さんのニーズに合った商品サービスを提供することや、個別に自社の売り物を独自にアピールし、印象に残る販売方法を確立する事を要する。黙って何もせず手を打たずではお客さんは寄ってこない。印象に残る商品サービスの宣伝と長期的な自社の評判や社会への浸透が必要である。企業が長く続くことにより地域社会も安定し豊かに発展していく。

市場規模の大きさの差は、活動する企業の大小には関係ない事であり、小は小なりの市場で活躍しないと生き残れない。市場は常に便利なもの、安くて質の高いものを求めてくる生き物である。それゆえ企業にとっての値決めはとても大切である。第一段階は担当する社員の案を聞くにしても、最終決定は経営者の仕事である。

会社は常に良いものを取り入れ技術力を高め、経営を効率化し得意先や消費者に受け入れられるような商品サービスを生み出し、企業努力をしないと生き残れない。

会社経営には原理原則がある。経営の原理原則を知って初めて経営は楽しくなり、精神的にも筋が通ったぶれない経営ができるようになる。目の前の損得にこだわるのでなく、経営の原理原則を知って長期的に経営することにより会社の運営はうまくいく。会社経営がうまくいくと楽しくてしょうがないと思えるようになる。

ライバル会社との切磋琢磨も会社を強くするためには必要である

自らの会社がより発展するためには、ライバル会社も必要である。自らの商品サービスに手を加え創意工夫することにより、より良い品質の高い商品サービスを作り出し、ライバル会社に差をつけ、発展し成長することにより、お客さんへも利益を与え地域社会へも貢献することになる。

常に市場へ目を向けることと同時に、ライバル会社にもスマートに目を向けることも必要である。企業の発展の基となる地域社会への貢献は自社内部だけで解決できるものではない。時にはライバル会社の上をいく商品サービスの開発も必要である。
ライバル会社でも、当社よりもより良い商品サービスをお客さんへ提供するために努力しており、ライバル会社はそれ以上に上を行っているかもしれない。
ライバル会社も当社と切磋琢磨することにより、ライバル会社として経済社会の中で良い企業関係を築くことができ、お互い企業として良い発展をすることが期待できる。このことは地域社会から見ても決して悪い事ではない。

タイトルは「沖縄の中小企業・同族会社……起業から事業承継相続まで」ですが、この本の内容は沖縄企業に限ったことではなく、特に沖縄在住の中小企業同族会社の会社経営の一助になればと思っている。市場規模は、本土に比べ圧倒的に小さく、経営資源も小さいが、沖縄の地域がより豊かになるためには、沖縄地域企業の発展は欠かせない。

今回は最後のステージⅥにおいて事業承継と相続を記した。沖縄の中小企業は95％

以上が同族会社であり、会社の承継も同族を中心とした引継ぎが多い。相続は事業の承継に限らず人生最後のステージであり、事業承継がスムーズに行くように、あるいはうまく会社が畳めるように、経済的精神的負担も少なくなるように、生前の事業承継及び引継ぎ消滅の対策流れを同族経営を中心に、このステージでは書かせてもらいました。

この本は私にとって3冊目の本です。第1冊目、第2冊目同様に手に取って読んでくれたら嬉しい限りです。多少重複する箇所もあるかと思いますが理解を深めるためと思ってくれたら幸いです。

沖縄の中小企業・同族会社
起業から事業承継相続まで

＊＊

目次

ステージⅠ

同族会社は社長一人の起業から始まる　21

目次の頁番号に間違いがありましので、お詫びして訂正いたします。

	誤	正
10頁2行	はじめに　2	1
11頁2行	09　宣伝広告はお客さんの記憶に残るように活動する　37	38
15頁最後	18　メモを取る習慣を身に付けようメモはコミュニケーションをカバーする　156	151
18頁5行	2　経営者にも共通する相続の基本　180	208

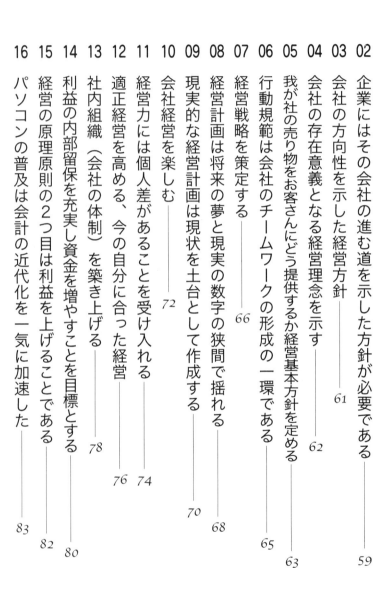

ステージⅢ

マーケティングはお客さん視点で考える 91

ステージⅣ

会社は社長によって組み立てられ社員によって色付けされる

ステージV

目標とする貸借対照表の姿　153

ステージⅥ

社長で始まり社長で終わる同族会社

179

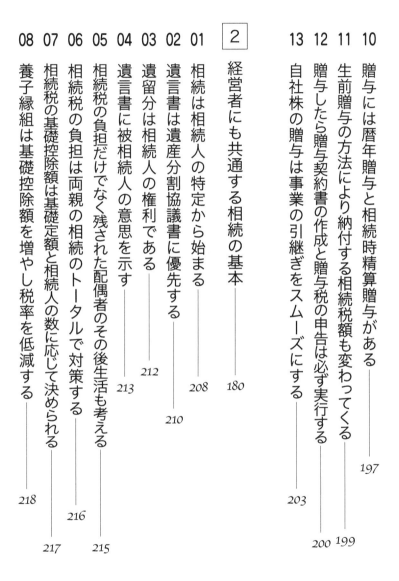

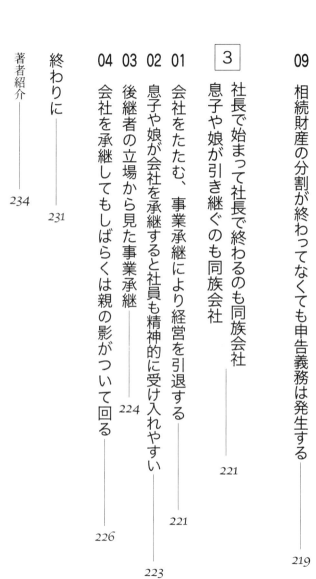

ステージⅠ

同族会社は社長一人の起業から始まる

01　同族会社のはじまり

同族会社とは、企業を起こした創業者自身が、出資金を出し株式を所有し、更に企業の経営権を有し、ビジネスを行う事業の形態であり、所有と経営が分離される上場企業の形態とは決定的に違うところである。

同族会社といえども普通の会社と変わるところはなく、ただ会社の経営者が会社の所有者であるということであり、会社経営に対し絶対的な権利を持っているということである。

中小企業の多い沖縄に合った企業形態であるともいえ、沖縄に存在する企業のほとんどが同族会社であり、株式会社といっても同族会社だらけである。

同族会社には１００年以上も続く老舗の企業も存在するが、長く続く平均的な会社の寿命は約30年位と思われる。100年以上続く会社は間違いなく良い会社であるが30年だけ続いた会社が悪い会社かというと必ずしもそうではない。30年も続けられたら良い会社の証でもある、これ以上続いた会社はもっと良い会社といえる。

基本同族会社は創業者一代の会社である。会社を自ら経営しその間社会に貢献し最後に時代に合わなくなった会社を自ら解散し閉める。それはそれで、その経営者にとって素晴らしいことである。

一世を風靡した会社も時代の流れとともに消えていく。そして次の子の世代はその時代に合った全く新しい会社を立ち上げる。新しいものを取り入れ古いものを捨て去るという経済学でいう創造的破壊である。次の子の世代においては会社名や経営資金、建物など表面的ものを引き継ぐことはできるが、親の世代の古典的な技術や経営手法などは一新しないと新しい時代の変化に対応できない。

子の世代の同族会社のはじまりでもある。とはいうものの親の会社をそのまま引き継いで成功した後継者ももちろんいるが、それらの会社もいずれは時代の流れに乗り親の世代の経営方法を変えないといけないときが必ず来る。

02 会社を立ち上げる

無職で仕事がない、勤めている会社の上司と反りが合わないから、会社でも立ち上げて、お金儲けでもして楽して生活をしようか、という現状逃避の考えでは会社を立ち上げて成功するとはとても思えない。

会社を立ち上げるというのは、必ず成功させるという強い決意と逆境に立たされても耐え抜くという粘り強い意志が必要である。ただ単に思いつくままに軽く考えて会社を立ち上げても、後で痛い目に合うのは目に見えている。

仕事の無い無職の人なら自分を奮い立たせてどこかの会社に就職した方が良いし、上司と反りが合わなくても会社を辞めずに、どうにか乗り越えてそのまま続けた方が、起業するよりも安定した生活ができるはずである。

起業すると決めたら友人や兄弟などとは一緒に起業しないことです。必ずと言っていいほど喧嘩をはじめます。経営が行き詰まってお金が無くなったりして互いに、ああしたら良かったとか、こうしたら良かったとか、互いに相手のせいにしてしまい友人関係も壊れてしまいます、兄弟であっても同じことです。金の切れ目が縁の切れ目になってしまうのです。

会社が成功したら成功したで、今度は分け前の取り合いになってしまいます。会社は一人で立ち上げることが無難です。どうしても2人で起業したければ別々に会社をつくって外部から協力しあうことです。意見の相違があってもそれぞれの会社で活かせますし、相手の体験談も聞けて喧嘩の数も減り逆に刺激し合って、友人関係は今まで通り続けられるはずです。

会社を設立しても、3年後には約5割、5年後には約4割、10年後には約1割の生存率というデータもあるように会社経営は甘いものではありません。

もし成功する自信もあり、創業資金もそこそこあるのであれば、今現にあるビジネス、経験したことがあるビジネスから始めることです。手を付けたこともないような自分で考えた空想のビジネスで起業すべきではないし、商品サービスとして売れるのか？　お客さんが存在するのか？　時間をかけて冷静に何度も考えてみることです。

ビジネスとして立ち上げたければ、まずは今あるビジネスに力を入れ、工夫して自分ならこのように売るとか、お客さんの立場に立ってこのように行動するとか、自分なりに少し手を加えるとか、あるいはサービス面の充実を図ることです。中小企業においては自社で思いついたオリジナル商品の成功率は非常に低く、むしろ今ある商品サービスに手を加えて販売するか、他社の販売方法に手を加えて強化し販売した方が成功率は高くなります。売るものは同じでもどのように売るかで他社との差が出てきます。

新しい商品、新しいサービスの取り扱いは、多少の経験を積んでから、お客さんに受け入れられるか、市場があるかどうかを判断してから行うことにしたい。スピードが重視されがちなビジネスの世界ではあるがそこは慎重に行きたい。

03 どこで起業するか場所を決める

会社を起こす際にどこで起業するか、どこに事務所を構えるか悩みどころです。2つのパターンが考えられ、一つは住んでいる地元の市町村でのスタートです。もう一つは県庁所在地である那覇でスタートする方法です。起業時は運営資金も少ないので、まずは自宅兼事務所からのスタートします、そこである程度の手応えと様子を見て感触を確かめます。

自宅兼事務所だと、お客さんを呼んだり集中して仕事をしたいときに色々な制約が出てきます。ほとんどの会社は、仕事に目処がついたら自宅兼事務所の存する市町村内の街か、沖縄で一番大きい那覇（東京には足元にも及びません（失礼）が）へ出ていきます。どの場所がいいのか、その会社の業種や判断によりますが、地元のメリットは昔からの人脈が活かせること、地の利があるということ、そして何よりもライバル会社が少ないということです。那覇のメリットは人口も企業の数も多くしかも近くに密集しており優秀な経営者やビジネスマンも多く生の情報が入ってくる確率も高いという処です。様々な人との交流ができ、会社訪問にも時間がかからず打合せの前後の時間も節約できます。

小さな地元の市町村だと同じ面々の人との交流が多くなりがちであり、経営の刺激も小さく、新しい情報の数も少なく、伝達も遅れたりします。インターネットにより情報があふれているといっても、人からもらう生の情報には敵いませんし、まず複数人から仕入れ、次にインターネットで何件か調べて確証してからの行動でありやはり時間のロスは否めません。

地元の市町村が好きで地元に貢献したいのであれば、地域密着型でビジネスを進めることも可能であり、わざわざ那覇に出る必要はありません。将来沖縄全域を相手にしたい内地に進出したいのであればその足掛かりに那覇に出るのも良いのですが、そこまで考えてなければ地元で地域密着で展開した方がよいように思います。

04 創業期はまず売ることを中心に考える

お金を追求するな仕事を追求せよ、お金は後からついてくる。といっても創業期においては、現実的に素直に理解できるものでもありません。

最初のうちは見積もり請求の甘さで採算が取れないことも多々あるので、妥当な請求額を算出し提示することは特に重要ですが、経験値の不足や今後の継続的な取引のことが頭に浮かぶと甘くなりがちです。しかし仕事は最初が肝心であり安かろう悪かろうと思われないように、また充分な利益と資金繰りが確保できるように、自分で思っている額より少しだけ高めに設定したほうが良い結果を生む場合が多いのです。

利益の高い会社は多くの場合高い粗利益率を誇っています。利益の高い会社に粗利益率の低い会社はまず存在しません。低い利益率では充分な会社経営を行うことができないからです。

創業期の目標はまず売ることです。どうしたら売れるか営業してみないとわからないことだらけです。人によっては夜も眠れないほどの修羅場となる場合もあります。しかしそれはその後に経験として活きてくるのです。会社経営する上で窮地に立たされることも多々あります。割り切って早く一度は経験してしまうことです。

創業期は利益を上げ資金繰りを良くすることが中心です。まずは儲けることであり手応えを感じることでありお金をうまく回すことです。利益が出ても資金がないと経営が行き詰ってしまうので、ある程度の創業資金の準備が必要です。銀行からもあらかじめ、自分で準備した程度の借入をしておくことをお勧めします。事業を開始してから大赤字になったり、資金繰りが苦しくなった後では銀行も貸し渋ります。お金を貸して返ってこない確率の高い会社には貸したくないし、利率も高くなりがちです。創業前に多めに借入しておくことに限るのです。

「お客さんあっての企業である」ことも忘れてはいけません。自社の商品サービスが売れないのはお客さんのせいではなく自分の責任であることも忘れてはいけません。生き残るためには自分と自社を磨かないと会社は生き残れないのです。他に転嫁したら何も得るものはないのです。

05 会社には経営理念も必要である

会社には経営理念も経営方針も必要です。セミナーや物の本によっては起業と同時に作成した方がよい、という人やコンサルもいますが実務はそうはいきません。ある程度仕事の目途が立って、従業員を採用してから作成することです。それからでも遅くはありません、作成を間違えたり作成に時間をとられたりすると逆に効率が悪くなるのであり、作成する為の多少の実務経験は必要です。

中長期的には経営理念も経営基本方針も行動規範も、会社発展のためには必要です。経営者は頭の中では、何故会社経営をしているのか、社会に受け入れられる為にはどうしたらいいか、高いレベルで常に描いていく必要があります。

経営理念、経営基本方針、行動規範以外に経営計画表あるいは事業計画表とばれるものがあります。年度ごとの売上げや利益達成表です。売上額1千万の会社が、来年

1億、再来年2億、5年後5億の計画を立てても数字の通りうまくいった例しがありません。

同族会社に限らず創業期の売り上げ計画は経営者の夢を描くところのようです。その売り上げに向かって行動していくことに経営計画の意義があるのです。果てしない夢も描いておけば10年後には手が届くかもしれません

06 起業期は一人で動き回る

起業期の約1年間はまず一人で動き回ります。起業と同時に従業員を採用しようと考えるのはもってのほかです。採用したとしても足を引っ張るだけです。従業員も何をどうしていいか判らないし経営者も教える時間などないのです。教える時間があれば取り扱う商品サービスを売りに行くことです。

社員の数が急激に増えてくると別の問題が出てきます。社員同士仲が悪かったり、争ったり、待遇の改善を求めたり、突然辞めたりと予想外の問題も出てきます。

社員が多ければ多いほど良い会社でなく、少ない社員で大きな売り上げ、それが創業期においては良い会社です。さらにチームワークが取れてる会社はさらに伸びていきます。会社のチームワークの良さは、会社の組織づくりに影響します。組織づくりに成功した会社はさらに伸びていきます。

創業期は有名な会社の経営者の本を読むことをお勧めします。会社経営に対するヒントやその人の生き方がとても参考になります。自ら体験したことや共感する本に出合った時の感動はなんとも言えません。

07 創業時は夢と不安が交錯する

夢をもって会社を起業し、市場を開拓し現場を奔走している間に、事業のイロハを知り徐々に会社が大きくなり、経営者一人では手に負えなくなり、従業員採用の必要性が出てきます。そのころから経営者は、会社をひとつにまとめ同じ方向に向かわせるための会社の理念や方針を、会社発展存続の為に持たないといけなくなることをヒシヒシと感じてきます。
不安を抱えながらも、夢と希望を持って売れるであろう商品サービスや得意とする技術を武器に会社を興し、市場という現場に足をいれて、創業前に目星をつけていた個々の企業や個人のお客さんを訪問し、役所に正規に接触し訪問し、あるいは自社の商品サービスを買ってくれそうな見ず知らずの企業や個人のお客さんの訪問に奔走している間にうまく行けば徐々に会社が大きくなっていく。

その頃から従業員を採用し、自分の仕事の一部を手伝わせあるいは手順を教え早く一人前の仕事ができるように教育訓練していくことに迫られてくる。

会社に理念や方針がないと、従業員は自分の意志で使用人の立場で自分の価値基準で動くようになり経営効率も悪くなる。経営者と社員の経営に対する価値基準は異なるものでありむしろ矛盾する点の方が多い。使用する立場と使用される立場の差である。

さらに会社が大きくなっていくと、会社の理念や目標などを作ってコミュニケーションを深くして会社の向かう方向を知らしめ、会社をまとめ上げていくという経営力の必要性も出てくる。社員も同族会社の一員であり、赤の他人として扱うとコミュニケーションやチームワークに支障をきたす。**同族会社は大企業と違い人を大事にすることによって発展するのです。**

08 自分と自社を知ってもらうことも意識して行動する

創業期は世の中にまず自分と自社を知ってもらうことに力を入れたい。自社の得意とする商品サービスや高い技術を新規のお客さんに販売するにしても、商品サービスや技術という売り物だけでは中々買ってもらえない、根強い我慢の売り込みは続く。

商品サービスや技術とともに自社を売り込むのであるが、売り込むのは自社だけではない、社長も同時に売り込むことである。会社の信用を上げる前に社長自らの信用度を上げることである。自分自身を売り込む最短の方法はこまめに顔を出すことであり、その方がお客さんに馴染みやすい。

お客さんは民間企業や個人とは限らない、仕事を発注し与えてくれる役所もお客さんである。仕事にはお客さんが要望する仕事もあれば、当社独自の商品サービスや技術の提供によりお客さんを呼び起こす仕事もある。何よりも他社との差別化は欠かせない。**差別化とはお客さんから見た他社よりも優れた魅力であり自社の商品サービスを使いたいというお客さんからのアプローチである。**

新しい会社においては自社というのは社長そのものでもある。宣伝活動しても簡単にすぐに成果が出るものではなく地道な長い活動が必要である。一つ仕事が入ったらとにかく丁寧に仕上げ相手に感謝される機会を多く作ることである。

仕事をお願いしたお客さんにとっては、無名の新しい会社に仕事を頼んだのであり不安だらけである。不安解消のコツはお客さんとこまめに連絡し常にお客さんの話しを聞くことであり信頼関係を築くことである。

話のつじつまが合わなかったり齟齬《そご》があったり仕事が雑であったりすると次の仕事はおそらく依頼され無い。また配達時間が遅れたり、在庫不足を理由に格下げの商品を届けたりするとクレームを受けなくても次は無いと猛反省することである。失った信頼を取り戻すには長い時間と努力を要する。何事も取りこぼしがないように丁寧に仕事を進めることである。

信頼を得るにはあるいは親しみを得るには、短時間でも雑談に応じることである。イチャリバチョーデーの時間であり、ここでは売り込みなしの雑談であり信頼関係を築く対面の時間であり、お客さんに自分を印象付ける機会でもある。次の仕事にもつながる可能性も高くなり、他のお客さんも紹介してくれるかもしれないので、会社の宣伝戦略の一つと位置付けたい。むしろお客さん本人自身からの仕事の依頼よりもそのお客さんからの紹介先が増えたらしめたものである。

09 宣伝広告はお客さんの記憶に残るように活動する

お客さんを獲得するにはまず見込み客を見つける必要があり、そのためには創業期は社長自ら訪問、ダイレクトメール、はがき、チラシ、ポスティング、ホームページ、広告看板の充実を図ることである。創業期においては口コミはほぼ期待できない。

最終的には広告宣伝をしなくてもお客さんがやってくることを目指したいが、創業期においてはそれは夢物語であり、宣伝広告活動は活発にしないとお客さんに利用してもらえないし記憶にも残らない。

訪問による開拓は精神的修行の場でもある。ターゲットを絞って行動し見ず知らずの会社や個人宅に訪問しても断られるのがほとんどであるが、初回は、名刺とパンフレットを渡すだけでよい。2回目も3回目も名刺とパンフレットを渡すだけである。ほんの数秒の時間である。

特に会話を交わすこともできないことも多い。相手に悪い印象を与えず良い印象だけを与え、新しく会社を立ち上げたことをアピールするだけである。会社を印象付けるのである、1回の訪問では印象は薄い。2回目3回目は少し間をおいて訪問したほうがよく、相手に迷惑をかけてはいけない滞在時間は2、3分程度である。

数多くのお客さんを回る為でもあるが、アポなし訪問でもあり相手の時間を取っても迷惑をかけない数時間を使うのであり、アポなしは「イチャリバチョーデーの精神」が通用しない訪問でもある。そのうちお客さんから良い反応があることを信じて待つことである。やるべきことをやってあとは流れが来ることを待つ「ナンクルナイサの精神」である。

ダイレクトメールは送る先を絞り、自社の得意分野や実績をお客さんの声などを使ってアピールする。最後に、お困りごとがあればご連絡くださいと一言添えておく。

ポスティングは、地域を限定しターゲットを絞って配布したいが、ポスティング会社にお願いすると一律になってしまうので社長自ら状況を視察しながらスケジュールを立て、あるいは他の会社訪問のついでに回ることもよい。

看板広告も工夫したい。お客さんに印象付けるには、同じ配色同じ形式で会社名や取扱商品サービスを見やすく分かり易く表現することである。看板はイメージカラーを決めるとよい。イメージカラーは演出する効果もあるので気分次第でコロコロ変えないことである。コロコロ変えて他の別会社に写ってしまったら元も子もない。

自社の商品等をアピールするにも中心となる特定の売り物やキャッチフレーズを強くアピールすることであり、あれもありますよ、これもできますよではお客さんに届かずインパクトもない。得意となる商品サービス技術やキャチフレーズを中心に売ることである。例えば「快適リフォームの〇〇」「お庭掃除の〇〇」「餃子の〇〇」「海老天ぷらの〇〇」などのように得意とする売り物をキャッチフレーズに代え会社名と共に命を吹き込むのである。もちろん実態が伴ってなければその時限りである。有名会社のキャッチフレーズをまねしすぎないことである。

創業期の会社は、会社よりも社長自身がお客さんから「気に入られ好かれ信頼され印象に残る」ことが大事であり、人柄つくりも必要で傲慢な性格ではお客さんは寄り付かない。悪い印象を与えるだけであり悪い印象は人間は本能的に頭から消そうとするのでる。

10 値決めは経営者の最大の仕事である

売値の決定は会社の利益率と固定費との相談である。経営数字を通していくら原価がかかるか、いくらの利益があれば会社が維持できるか経営数字との相談である。値決めは経営者の仕事であり、会社を維持し発展させるための源である。決して相手の顔色を見て決めるものではない。

本来値決めは会社の経営状態、資金繰り、相場などを見て決めるのであり、会計数字を知り尽くしたうえでの値決めであるが、創業時においてはそれらの資料は乏しくいくらで売れば良いのかよく分からないことも多い。後々のためにも値決めは経営者が行うことである。値決めを社員に任せることはできない。

値決めを社員に任せると経営にならない。社員は一従業員の立場からの

目での判断であり全体からの判断ではない。従業員から値決めの案があっても必ず経営的な側面を考慮してから結論を出すことである。その後たとえ思うように売れなくてもそれは従業員のせいではなく経営者の責任である、間違っても従業員に責任転嫁できるものではない。

従業員の場合できるだけ多く売ろうとするあまり安売りに走ったり、逆に相場とかけ離れた数字を提示してくることがある。この場合相手がベテラン社員なら真意を確かめる必要がある。現場のことは営業員でもある社員が良く知っていることも多いからである。定価を決め値引き要求の多い業界であれば許容できる値引き幅を権限として与えておく手もある、工夫を要する駆け引きの知恵である。

仕事をはじめる前に相手先と契約書を作成し金額等を先に決めておくことは絶対に必要である。契約を先延ばしにして契約をせず収納後に請求するとほぼ100％トラブルが起きるので必ず契約書を作成してからのスタートである。

実際に手を付けてみないと予測できない計算できない部分があっても、説明をし追加などの幅を持たせてある程度の金額を提示することである。相手が納得しない状況では仕事を進めないことである。契約書の作成はトラブルを防ぐ手法でもある。

創業期の間は取引先の信用度もつかめず、貸倒れの発生率も高いので充分な情報収集を行い相手先の評判を調べあげ甘い話に飛びつかないことです。業界によっては支払の基準を延ばされたりすることが回収できなくなる前触れであったりします。

特に起業したては詐欺まがいの会社に出会うこともしばしばある。仕事をお願いされ完成させ納品し請求書を出しても、もうしばらく待ってくれと言われている間に連絡も取れず行方不明です。一度は引っかかる確信犯ならぬ故意犯です。注意してもしても一度は必ずといっていいほど引っかかります。

次のような例がありますので紹介したいと思います。

取引の種類や商品の数を増やしたいので信用度を調べたい、ついては「会社の決算書を見せてくれないか」との話が内地のある仕入先からありました。電話を受けた沖縄の企業は、本土企業数社から商品を仕入れ、在庫商品を保有し自ら開拓した沖縄県内の企業各社に商品を納品しているのですが、突然ある仕入れ先からの取引量拡大の話です。うまくいけば売上先拡大に繋がる電話です。人のいい経営者は大喜びです。そのある仕入れ先は某日来社し会社に数時間滞在し決算書や仕入れ先、販売先までも調べていきました。

その後、取引先拡大のため電話を入れたら今の条件のまま取引を続けたいということです。不審に思っていたその後一部の売上先の商品の納品数が減少していきました。直接このある仕入れ先が当社が開拓したお客さんへ一部の類似品を販売していたということです。

会社の販売先や仕入れ先は企業秘密です絶対に同業他社へ見せてはいけません、功妙な詐欺にあうだけです。

11　創業期は銀行との付き合いも大事である

銀行との付き合い方も経営の一項目です。起業時のころ簡易な事業計画と必ず売れるという熱意で3百万円、うまくいけば5百万円程度のお金を貸してくれるが、その後の短期間は中々貸してくれません。

このようなことから、もし将来儲かる見込みがあり、返済できる自信がおおいにあれば、多めに借りておくことです。担保を要求されることもあるかもしれませんが、出来れば必要額以上に借りておくことをお勧めします。

失敗のリスクが低い業界の起業であればできるるだけ借入は少ない方が良いのですが、建物の建築など大きな仕事や特殊な新しい仕事で、成功する見込みが高い事業であれば借入もできるだけ大きくです。

自分の会社の成功性の高さを知っているのは社長だけです。周囲から見えるものではなくお金を貸す方も半信半疑です。そこにはあまり言えませんが、銀行からの再借入れの中には他社から借りた借入の返済部分や、ある程度の生活費も入っています。もちろん生活費は役員報酬を通しての生活費です。

銀行には筋を通します借入の金額の多少にかかわらず、生活のための借入や他社から借入た返済のための借入ではなく、事業拡大のための借入であることを強調します。

12 同族会社における配偶者の役割

会社の経営で生活できるある程度の目途がついたら配偶者を入れることとしたい。もちろん起業当初から配偶者と共に二人三脚で起業しても悪くはありません、まだまだ事業が安定しているとはいえない満足な給与も払えるかどうか分からない、従業員を採用しても自分自身が不安定であり的確な指示ができるか自信もない。

ある意味成り行き経営である。相談できる相手もいない、経理もおろそかになりがちである。そこは配偶者ならある程度の融通はきく、仕事中のお客さんからの問い合わせや請求書や領収書や会計書類の作成など事務的な部分は配偶者に任せたほうが効率よくことが進むことが多く多少の失敗も大目に見れる。親族的同族会社のはじまりでもある。

赤の他人を採用してもなかなかうまくいくものではなく、高見の見物的なところも出てくる。終業時間が来るとサッサと帰宅してしまう責任感はほぼゼロである。

配偶者を会社に入れることは経営上賛否あるが成功例は高い。さらに困ったときの相談相手にもなり決算書の作成やその他の事務処理も割とうまくいく、配偶者を使わない手はない。

配偶者を経理責任者に据えて一番に気を付けないといけないのは公私混同である。仕事と家事の区別を峻別することから始めないといけない。まず仕事で使った領収書なのか生活のために使った領収書なのか見定めないといけない。ここからのスタートである。

公私混同は会社の実態を見えなくするだけでなく会社経営の原理原則にも反する。

更に公私混同は会社の決算書をゆがめ経営に役立たない決算書ができ上がることになる。自ら墓穴をほり経営の現状把握やかじ取りにも利用できなくなり、その結果決算書は経営の羅針盤的役割ができなくなる。経営の羅針盤が壊れると会社は科学的判断ができず、間違った経営判断をしてしまう。極端なことを言えば利益の会社が赤字と表示されたり、赤字の会社が利益と表示されてしまうのである。正確に帳簿を付けること、これも経営の原理原則である。

13　会社を起こし登記したら各種申請書を早めに出す

法人登記が終わったら設立届を「税務署」「県」「市町村」に提出すると同時に税務署へ絶対に忘れてはならないのが「青色申告承認申請書」です。この申請書を出すか出さないかで翌期以降の税金の額が変わってきます。例えばこの申請書を出した年に赤字を出すと、この赤字を翌年に繰り越して差し引いてもらえますが、出し忘れると翌年利益が出ても差し引き出来ません、その次の年度も同じことです。とにかく早く出すことです。

起業後数年間はまず赤字です。数年後に利益が出ても過去の赤字の分は差し引きできず丸々税金が掛かるということになります。面倒くさいから出さないのでは不利な扱いを受けるだけです。もう一つの誤解は青色申告の申請書を出さなければ帳簿を付けなくてもよいと勘違いしている経営者です。とんでもない誤解です起業したら帳簿を付けることも経営の原理原則です。

14 経営における法人税、消費税の位置付け

儲けて利益がでたら利益という数字に見合う法人税という税金を支払う。税金を支払うこと、これも経営の原理原則です。利益の計上があってもお金がないを理由にし

税金の支払いを渋る経営者がいますが、それは大きな間違いです。

起業をする前に、利益が出たら税金の支払い義務が生じることをあらかじめ知っておくべきなのです。社会が税金で成り立っている以上利益が出たら法人税を通して社会のために還元するということを理解しないといけないし、我々が生活する経済社会は税金で成り立っていることを理解しないといけないのです。小さな会社であっても利益が出たら社会のために税金を支払うことにより自社も自由経済社会の中で会社が経済活動でき恩恵を受けるのです。


法人税は会社の利益と直接関係しますが消費税は会社の資金繰りと関係します。消費税は売り上げと共に消費税分を上乗せして預かり、経費の支払いと共に消費税分を上乗せして支払います。税務署へは基本的にその差額分を支払います。

会社経営の中で見過ごせないのが、預かった消費税分現金が増えるので余剰資金と勘違いしてしまうということです。

通常の資金繰りに使ってしまうと、後で消費税を税務署に支払う際に消費税分が足りないとならない為にも、定期的に預かり金である消費税の支払い分を確認する必要があります。そのためには月次決算書の作成は欠かせません。

月次決算書は消費税の預かり分や支払い分の計算や法人税の予想額計算の為にも、そして何よりも正確に利益を計算して経営に役立てることが経営者にとって第一に重要なのです。

15 同族会社は終わりがあることを前提とする

同族会社は社長一代の会社であることを念頭に置きつつ、会計学でいう継続企業の前提を薄めて企業の終活を常に頭の片隅に置きながらの事業活動です。会社をたたむ、あるいは息子や娘に会社を譲り渡すにしても、親である社長の仕事はいずれ必ず終わる日がやってくるのです。

時代の流れに乗って思う存分経営力を発揮して発展してきた会社も、時代の流れには、古い技術や知識そして体力の衰えには勝てず、会社の業績が悪化している会社にいつまでも私財をつぎ込んだり借入を繰り返す訳にはいかないのです。同族会社は経営者である社長に合った経営方法で発展してきたのであり、専門のコンサルに相談すると少しでも起死回生の可能性があれば担保を提供しての企業継続の話になる場合が多く、必ずしもそれが正しいとは限らない。コンサルなどには継続企業前提という固定観念があるようである。

事業承継にしろ、会社をたたむにしろ、会社に余裕があるうちに最後の段階での重要な経営判断があることも充分に心に留めておくことです。これらの終活を含めての同族会社の起業です。

16 経営が行き詰まったら一度個人に戻す個人成りという手法がある

法人成りに対して個人成りという方法がある。法人成りとは、起業時は個人として事業を経営し、ある程度の売上の目途がつき信用もついてくると、法人の会社を立ち上げて個人事業を法人に移行することを言い、個人成りとは、一般的に経営する法人会社の経営状況が悪くなった為に、会社を解散あるいは休眠させ、法人で経営していた事業を個人で引き継ぐことを言う。**個人成りはまずは資金繰りを中心に対策することであり、赤字でも資金繰りが良ければ会社は廻るが、黒字でも資金繰りが悪ければ事業は行き詰まることになる。**個人企業のメリットの一つに事業主へのお金の貸し借りがある。法人においては経営者からの借入れや貸付は公私混同を避ける為にもあまり良くないが、個人企業の場合比較的お金の貸し借りは自由である。またアパートなどから生じる不動産所得との損益通算ができるというメリットがある。デメリットは外部に対する信用力が落ちることであり、代表者自身の給与が経費に落ちないことである。

通常法人の解散清算と同時に事業も消滅するのがほとんどであるが、一度は、個人に事業を戻して頭を冷やし経費を節減しながら、経営力を蓄え自社の力や市場の様子をみて勝機があれば再び法人会社を立ち上げる手もある。

この時注意しないといけないのは、金融機関からの借り入れである。借入金を返済せずにいると、再度会社を立ち上げる時には借り入れができない可能性が高くなり会社を起こすことができなくなるので、借入金は早めに返済しておくことである。

かなり前の話であるが法人企業は時代の流れに乗れず赤字であるが、この会社を立ち上げた親の不動産所得は黒字である会社があった。法人企業の赤字を先代である親の不動産収入で補っているのでどうにか持ちこたえている状態の会社である。その後引き継いだ後継者の口癖は「近いうちに会社をたたむ」ということである。それはそれで一つの選択肢であり、借金がない今ならスムーズに会社を畳むことができ、時間は掛かるかもしれないが不動産所得があり借金もないので再度角度を変えてやり直せないこともないと思っていた。

ある日経営コンサルを紹介されたようである。経営コンサル曰く「会社を畳むとは勿体ない、親の承諾があればその収益物件を会社に許す限り高く売却したら、お金廻りが先代と共によくなりキャッシュフローも良くなる」と言われて具体的に図表で示されたそうである。親である先代には不動産売却による多額のまとまったお金が入って来て、会社には不動産収益が入るという仕組みであるが、大事なことが二つ抜けていた。一つは会社に不動産という物件が入ってくるが、不動産購入の為の返済を要する借入金も同時に入ってくるということであり、その元金の支払いと利息の支払いは、会社の赤字で相殺された不動産収益だけでは到底返済できず、借金を繰り返すことが目に見えていた。もう一つは現経営者の経営力である。色々なタイプの社長を見てきたが、失礼ながら現在の実力では会社の経営に向いているとはとても思えないのである。むしろ銀行からの借り入れを必要としない個人成りで再起を図った方が良かったのではないかと思われる事例であった。

ステージⅡ

会社経営の原理原則は
経営方針を決めることと利益出すこと

01　経営の原理原則は経営方針を定めること

創業期に一生懸命努力して、商品サービスや持っている技術を売上げ、創業者一人であるいは数人の従業員で創業期をうまく乗り切り、事業の将来性も少しづつ見えてきたら事業拡大のチャンスです。チャンスを活かすその為には過去において簡単に諦めてしまった事柄や、ああしたら良かったこうしたら良かったと後悔の念も沢山ありますが、過去のことは自分の経験としてあるいは将来への肥やしと受け止め、粘り強く落ち込むことなく、前へ進んでいくことです。

仕事を請け負う下請けの立場から、お客さんから直に仕事を請け、さらに他社へ発注する立場の企業へ徐々に仕事を深めていく足掛かりをつかむ時期です。自宅兼事務所から少し大きな事務所へ事業規模を広げる時期です。次のステップへジャンプする大きな時期なのです。

一人では限界のある事業を大きくする為には人の採用が不可欠となります。同族会社であっても会社は人の組織で成り立つものでありチームの形成の可否が会社の発展を大きく左右します。

人は採用しただけではうまく動きません何をしてよいのか解らず動きようがないのです。**会社を組織として機能させるためには経営理念を筆頭にした経営方針が必要となります。**

02 企業にはその会社の進む道を示した方針が必要である

経営理念は経営コンサルが作るものではなく、経営者自ら作るものでありその為には会社が存在する意義を社長自ら深く考えることです。経営理念の意味や作成方法ををコンサルから習うことは良いことですが、経営理念は自分の言葉で、自分の文字で自分の文章で作成し自分の血を通わすことです。コンサルにお願いした一通りの経営理念は、飾りにすぎず経営者が実践できるわけでもなく社員が従えるわけでもありません。

経営の原理原則である経営理念は同族会社にこそ必要であり、なぁなぁになりがちな会社を引き締め、会社は社長一族の為だけにあるものでなく、そこで働く社員やお客さんと共に存在するものである事を理念とし、それを会社の中心に沿えておかないと会社は長く続かない。会社が社長一族の会社であるという色を出した時に、社員はやる気を失いあるいは去って行くのです。

経営方針はピラミッドの形に似ている。経営方針には、会社の存在する意義を示す経営理念、当社が対象とするお客さんへの商品サービスや技術の販売方法やお客さんへ提供するこれら商品等のレベルアップの誓いを示した経営基本方針、これらを実践する社員の精神的実務的行動規範等があります。さらに経営基本方針に沿った個々の経営戦略や個々の社員に託された戦術があります。

経営の方向性を示した会社の方針を伝え、その方針に沿った範囲で各社員が行動実践することも経営の原理原則であり、会社発展の為にはなくてはならないものです。

03 会社の方向性を示した経営方針

経営方針は、会社を経営する上で、無くてはならないものであり、さらに会社発展の原動力である会社組織を実りのあるものに仕上げる役目を演じ、社員を一つの目的に向かわせ、社員の個々の力を伸ばし社員の個性を尊重し、会社の仕事に適応させ、チームワークを強め、会社の実績を着実に上げることができる為に経営方針は必要不可欠なものです。

社員は会社が掲げた経営方針を理解し実行することにより、仕事を通して社会人として成長し、仕事を通して社会に適応し社会に貢献し、生き生きと働くことができるようになるのであり、経営方針は会社が成果をあげる上でのベースとなるものです。

04 会社の存在意義となる経営理念を示す

経営理念は、企業と人に関わる精神的かつ抽象的事象であり、それがゆえに経営理念を理解し行動できるように腑に落とし込む必要がある。その為には長期間に亘り定期的に継続して、さらに社長自から行動し範を示し、社員に訴え続けなければならない。

会社経営は、人が行い組織をもって行うものであり、正しい経営理念の実践は企業と社員そして地域社会からも評価を受ける事を全社員が共通して理解した時に、企業としての発展の体ができあがり、やがてそれは良い企業風土になっていく。

経営理念は、経営者が自ずから経営する会社の発展を祈り、人間としての社員の幸福を祈りつつ、取引先を始めとする社会に貢献するという精神意識のもとに成り立つ。決して自分だけの、自社だけの利益の追及に重きを置くものではない。社会に認められ社会から必要なときに認識され、社会の誰かが仕事を依頼するときに、自社が真っ先に浮かび上がることが普通に状態化したときに会社経営は一応成功といえる。

05 我が社の売り物をお客さんにどう提供するか経営基本方針を定める

経営基本方針は、自社の売り物を通したお客さんのへ貢献という視点から会社を築きあげるという決意である。経営基本方針は自社の持つ商品サービス技術をどのようなお客さんにどのような方針のもとに提供するかを示したものでありお客さんからの目線である。例えば医療の現場では同じような病気に対する病気ごとや、患者ごとの医療方針、警察の現場では重大な事件が発生した時の捜査方針が決められるように、その決められた方針のもと行動する。

企業においても経営基本方針は必要であり、企業においてはお客さんからの目線であり建設業であれば戸建て住宅を専門とするのかアパート建設なのか、お客さんの意見を当社の建築方針にどのように反映させるか、介護事業であればお客さんが年配者の女性であればどのように接するか、などの経営基本方針が必要である。

　この方針が決まってないと各担当者が自分勝手の行動をしたり、材料の仕入れ先や品質や形状がいつもと違ったり、製作方法が違ったり、あるいは活動が個々になり統一性がなかったり、あるいは仲の良い者同士小集団を形成して効率が悪かったりとお客さんに迷惑をかけるだけである。経営基本方針は個々の事業の経営戦略の基本となる方針である。

「顧客第一主義」という方針がよく使われているがこの顧客第一主義は当社から見た顧客第一ではなく、お客さんの視線から見た顧客第一でなければならない。自社の商品サービスをお客さんに当てはめるのでなくお客さんが欲しいものを自社の商品とするのである。自社の視点で見た顧客第一主義はお客さんを置き去りする危険性を含んでおりその視点を間違えないことである。

　利益を上げる方法はお客さん満足度と業務の効率化であるが、お客さん満足度すなわち顧客第一が優先される。自社の商品サービスでお客さんを選ぶのは、自社の商品サービスがお客さんに支持され圧倒的優位性を獲得したときである。

06 行動規範は会社のチームワークの形成の一環である

結局ビジネスは売るも買うも人間である。いくら社会が発展しＩＴが進歩してもビジネスは人間関係で成り立つのであり、社員には組織というチームをスムーズに運営するための行動規範が必要なのである。行動規範はチームワークを維持することや、仕事をスムーズに進める為の基本的行動であり、例えば、礼儀挨拶言葉使いを正しくするとか、他人を批判しない悪口を言わないことや、備品消耗品などの置く場所を決めるなど、連絡事項のスピード化や人間関係を良くするための些細な取り決めである。職場の人間関係が崩れると仕事にも支障をきたすことになる。人間関係は些細なことで崩れていく。

07 経営戦略を策定する

経営戦略は経営基本方針の流れの中で立てられる。経営戦略は地域社会において売れるであろう商品サービスを、どういうお客さんに対してどのように販売した方が、自社にとっても対象とするお客さんにとっても利益が効率よく最大限に実現するかである。買いたくないお客さんに安く売っても効率が悪いだけで喜ばれない、売れるお客さん、つまり必要とするお客さんに対して付加価値を付けて提供した方が効率も良いしお客さんにも喜ばれる。我が社が専門とする特化した商品サービスの提供先をどう効率よく見つけ出し、そして専門とする商品サービス技術を、どう時代に合わせ進化させ磨き続けるかである。販売方法と商品の進化この2つが経営戦略の中心となる。

戦略は他社との差別化であり、差別化できないとお客さんから見たらどの会社も同じであり我が社から買う必要性も全くなくなる。

戦術は、決めた個別的経営戦略と経営基本方針を元に、新入社員のうちは意識しながら実務の現場で実践されるものであが、長期的には経営基本方針については意識しなくても自然に実践されなければならないものである。意識して行動している間はまだまだ身についていないことの表れであり仕事にも影響が出てくる。戦略戦術については早めに身につけ迷いを少なくし仕事の効率を図ることである。戦術は戦略に従うのであり戦略は他社との優位性を表す差別化でもある

戦略という言葉は進化論の中でもよく使用される。例えば嘴が細く長い鳥がいる、嘴の太く短い鳥がいる。嘴の長い鳥は花の蜜を吸うために嘴を長くするように進化した。一方嘴の短い鳥は固い穀物を噛み砕いて食べられるように嘴を太くする進化をしたという。嘴を長くすることも短く太くすることも食べ物に合わせた長期的戦略である。戦略は他の鳥との差別化でもある。この場合に個々の鳥に戦術を当てはめると、どの場所でどの餌を食べるか、その時々の個々の鳥の行動による。

08　経営計画は将来の夢と現実の数字の狭間で揺れる

経営計画とは会社の売上、粗利益率、変動費固定費の経費、経常利益を計画表に表したものである。経営計画を立ててもその通りに進んだためしはないが、会社を大きく発展させる為には、売り上げの増加は毎期必要である、経費についても毎年値上げがあり人件費についても毎年上がっていくと思っていい、会社を安定させるためには経常利益は絶対的な必要条件である。利益がないと会社は成り立たない、売り上げがないと会社の活動が停滞していることを示し、社会に受け入れられてないことを示している。

売上は本来前期との比較で計上するものではなく、経営者の夢を描くものである。売上計画が前期の2倍3倍であってもその額に近づくように努力、工夫、知恵を絞ることである。とても出来ませんの声が社員から上がって来ても「とにかくやれ」の返答でよい。経営者もある意味そのことは理解しているし当期では達成できないことも理解している。経営計画の売り上げは理想とする経営者の売上の額であってよい、現実的にはほぼ達成できない売上かも知れない。

利益については現実の経営を表す。まず利益がないと、企業活動が世間に認められていない受け入れられていない証である。事業拡大の為にも利益は必要でありそれは売り上げにほぼ比例する。簡単そうで難しいのが、その中間にある企業活動を支える経費の支払い計画である。経費を額で決めてしまうと不都合なことが生じる。経費は給料の支払いに見られるように前期同額というわけにはいかない。例えば前期の20%増で経費を決めると、売り上げについてはそれ以上の伸びがないと支払う資金が不足してしまう。特に粗利益率が低いとなおさらである。したがって経費は売上に連動させる必要がある。そうすると経費も当初計画した計画通りにいかなくなる。利益も計画した額通りに行かなくなる。**経営計画は売上げを上げるための計画である。長期的な長い戦いである。**

現実的な短期的な経営計画書の作成は、夢を現実に引き戻してくれる。まず当期の経営数字の現状を決算書から知ることから始まる。もちろん決算書の数字が現状を正確に表していることが大前提であり決算書がゆがんでいると実態も正確にはつかめない。

09 現実的な経営計画は現状を土台として作成する

現実的な経営計画書の作成は、現実の売り上げと粗利益率、経常利益を掴むことからのスタートである。この現実の数字に、努力できる最大の売上分を上乗せして、計画とする売上額を経営計画表に記入するのである。次に粗利益の額である売り上げが達成できても粗利益率が低いと利益の額も小さくなる。粗利益率を下げて売上高を上げることはしないことである、売上の数に応じて余計に忙しくなり固定費が多めにかかるだけである。むしろ付加価値を付け値上げして販売することを考えることである。**総じて経常利益額の高い会社は粗利益率が高い会社が多い。**

現実的な経営計画は定期的な点検が必要である。売り上げは達成できたか、利益の額は計画通り行ったかである。達成できなかった場合の分析も忘れてはいけない来期への反省材料とするためである。達成できなかったことを言い訳で固めるわけにはいかない、他人のせいにするわけにもいかない。原因を洗い出しどうしたら達成できるか発展的に思考することである、そして売上達成のための良い案がでたら実行に移すことである。それでも達成できなかったら早めに切り上げ別の案を探し出すことである。

売上未達成の原因は短期的な個人の問題ではなく、長期の戦略的な問題である、個人の問題にすり替えると会社は発展しない、分析を間違えないことである。

銀行からの融資の際、経営計画を求められることがある。借入のための現実的な事業再生計画、あるいは返済計画である。それはそれで現状の経営数字を見ながらの借入返済ができる売上と利益を中心とした経営計画である。本来の経営計画は銀行のための借入計画ではなく事業の将来を描いた事業計画である。**銀行からの融資の際、経営計画を求められる会社ではなく、現実の実績に基づいた決算書に基づいて何時でも借りて下さいという会社に成長することである。そうなると会社経営は楽しくてたまらなくなる。**

成功した大企業の創業者たちは果てしない夢を追い続けた結果、今の何千億という売り上げに達した大企業も多い。銀行からの借入額も多額である。もちろん無借金の会社も存在する。同族会社の晩年は無借金経営を目指したい、最後まで借金を残すのはよくない。意識しないと借金はなくならない、**会社の発展期には借金は必要であるが晩年期の同族会社には借金は不要である。**

10　会社経営を楽しむ

会社を経営している経営者は、自らの会社を好きになることであり、会社経営を楽しむことである。会社経営を楽しむとは会社経営にのめり込むことであり、神経を注ぎ込み経営神経を研ぎ澄ますことでもあり、会社に利益が上がる癖をつけることでもある。

経営者の就労時間は1日8時間ではない24時間である。タイムカードもない。年中仕事である。ゴルフを楽しんでいるときも、個人的趣味や模合を楽しんでいるときも、寝ているときも、心のどこかで仕事の仕の字を忘れてはいけない。会社経営そのものが経営者の中心的趣味である、余裕時間が生まれたらどう経営したら会社がもっと発展するか、経営の原理原則に沿って常に考えることであり、それを楽しむことであると同時に他人との会話を楽しむことであり、その中から戦略戦術のヒントをつかむことである。戦略戦術は机の上からは生まれない、環境を変えた日帰り旅行や喫茶店で生まれることも多い。

世間と感覚がずれてないか仕事の話ばかりになっていないか、俺が俺がになっていないか、時々立ち止まって見返してみることもよい。世間と歩調を合わせないと世間からの良い情報は入ってこない。

経営者が心の底から息抜きできるのは引退してからであり、自己が創業した会社と縁が切れたときである。引退までは何が起こるか予想もつかない。

長い事同じ仕事をやっていると、なぜこの仕事をやっているのか疑問や嫌気や不安を持つこともある。自社の将来性とか自分の経営の能力とかに対し疑問をもつことがある。これは心の持ち様である。将来が見えなければ、見えるようにし、経営能力が低いと思えば、高める努力をすることである。経営者としての道を進み、経営者として企業経営に没頭し、経営能力を高める努力に惜しまず時間をかけることである。

まず一度は自社の仕事のすべてを受け入れ、見つめ直し、将来性を見つけ出し、方向性を定め、その過程の中で経営という仕事の真髄を見つけ出し、自分のものにする努力を惜しまないことである。会社経営にネガティブな心はいらない。

11 経営力には個人差があることを受け入れる

経営力には個人差があり、全てがすべて大企業のトップに立てる訳でもないし、大企業に発展するわけでもないが、与えられた条件、与えられた環境で個人が持ちうる最大限の経営力を高め発揮することである。大企業のトップになれなくても自分自身の中でのナンバーワン地域ナンバーワンあるいは業界ナンバーワン、中小企業のナンバーワンにはなれる。経営能力を高めるということは時間によって制限される時間との戦いである。

経営は良くも悪くも社長の性格考え方や心根に左右されそれに見合う会社となる。経営に疑義を持った段階では、会社を発展させる事は難しい。自分がやるべきことはこの自社の会社を発展させるであることに、信念を持ち現状を受け入れ理解した時に本当の経営がスタートする。

本業に没頭できず事業に関係のない株や不動産に投資したり、他の儲け話に乗ったり、あるいは多角化経営と称して他の異業種の事業に手を出すと力が分散し、本来の事業がおろそかになる。使える時間、資金、技術など経営に関する資源を本業に打ち込むことができなくなってしまう。経営資源には限界がありそれを有効に活用する近道は資源の使い道を分散しないことである。

もっとも市場は生き物である、時の経過と共に刻々と変わっていく、環境の変化に会社を合わせることも会社の発展のためには欠かせないことであり、**環境の変化に自分の会社を合わせることも経営の原理原則である。**

12　適正経営を高める、今の自分に合った経営

会計に適正利益があるように、経営にも適正経営がある。それは会社の大きさは、市場の大きさと、経営者の経営能力に依存するという「経営者の経営能力以上に会社は大きくならない」の例えである。会社を大きくするということは、経営能力を大きくすることでありそれは経営神経を伸ばすことでもある。経営能力は経営の勉強や経営の体験を多くし高める努力をすることにより高めることができ、経営神経は経営能力を高めた結果、自然に行動することが出来る精神的領域である。

会社経営をする上でいろいろな限界に直面する、まずは時間活用の限界である時間は無限にあるものではない、次に専門的知識の限界、専門的技術の習得の限界、そして何よりも人を使う限界である。会社の経営資源を理解し、自社の現状を十分に理解し、それらの大きさを判断し、取り得る現状の資源で会社経営の質を高めることに工

夫を凝らすことである。

会社が小さい間は、社長の独断とワンマンで何とか思い通りに行くかもしれない、それなりに発展するかもしれない。しかし会社が大きくなると社長個人だけの力ではおのずから限界が出てくる。会社経営の発展はそこに勤める社員の力量をいかに引き出すことができたかの結集でもある。

会社が小規模のうちはうまくいくのに、事業を2倍3倍に拡大しても成果が上がらず、借入金と経費と不信感だけが増えるということがある。事業を急激に拡大したことによる弊害である。持ちゆる経営資源が事業の拡大に追いついていかないことによる弊害である。弊害を小さくするには出来るだけ早く不足している経営資源を増やすことであり、社員の力を最大限活用することであり常に備えておくことである。そのためには社員能力アップが必要であり、研修教育は欠かせない。

13　社内組織（会社の体制）を築き上げる

この仕事は得意だけど、あの仕事はあまり得意でないとか、この方法でなら出来るとか、今のやり方では結果を出すことができないとか、同じ会社内でも同じ仕事でも起ることがある。仕事の進め方や今の仕事に相性が合わないという社員がいる。知識や営業や技術的な問題だけではなく、性格的精神的な場合もある。

社員の多い大企業なら個人の性格をあまり考えずに、社員を過去の実績中心のみで仕事の中に組み込むことができるかもしれないが、中小企業の場合はそうはいかない。人間は一様ではなく性格の不一致や仕事の進め方に個人の特徴が出てくる。これらはなかなか変えられないし、変えるにも時間がかかり効率的ではない、その結果変えられない場合が多い。

目指す頂点は一つである、会社の利益をもたらす仕組み作りである。その社員が今おかれている仕事の立場の中で、最大限に能力が発揮できるような本人の仕事のやり方でやらせて見ることである。他との調和を図ることの必要性も考えつつ、やらせて見ることである。中小企業においては仕事は属人的な部分も多々ある。もちろん仕事の属人化には気を付ける点もある。その人のみが分かる方法になってしまう場合もあるので、必ず公開することである。会社のやり方が時代遅れとなっている場合もあり逆に良い刺激となることもあるので特異な方法でのやり方も馬鹿にしないことである。時代の流れの早い世の中である取り入れることができる方法かもしれないので検討してみることです。特に新技術のパソコンや新しい最新のソフトの操作については卓越した新人がいたりするので仕事に活用しない手はない。

人間の多様性の中に異様とみられた仕事のこなし方に、効率性を見出すことができることも多い、昨日の仕事を統一性だけの面から続けることは得策ではない、時代の流れにも逆らうことになるからである。何よりも会社に社員の力を結集し仕事ができるチームに仕上げていかないと、会社に成果が上がらなくなるからである。

一つの方向性が決まったらマニュアルもルールも必要である。会社発展の為のマニュアルでありルールであるが、これらは時代の流れや社会の発展とともに陳腐化することも忘れないことであり、常に見直しが必要である。

中小企業の経営者は効率を良くするための実務にあったマニュアル作りも仕事であり、社員に任せるわけにはいかないのである。ただパソコンの操作や新作ソフト新プログラムの導入選択など重要な部分であっても、社員に任せざるを得ないものもあるので時代の流れに乗り遅れないおおまかなルールやマニュアルは必要である。

14 利益の内部留保を充実し資金を増やすことを目標とする

会社経営の創業期の段階では、まず当社が売り物とする最大限持っている知識と技術を使い、売り物である商品やサービスや技術の販売に心血を注ぎ、これらを基に小さくてもいいから資金を増やし資金繰りを良くすることであった。

創業期の次の段階では、内部利益留保の充実をはかることであり、その意味を理解し実感し慣習化し、同時に経営の原理原則を身に着け、取り扱う商品やサービスの販売方法、地域社会とのつながり、会社組織の作り方を体感し学ぶ時期でもある。

創業時は自社の専門とする商品サービスや技術を宣伝しとにかく販売の経験を積み才覚を高める時期でもあり。**利益癖をつける時期でもある。**これらは創業初期の段階にのみ必要とするものではなく、できるだけ早い段階で身につけることである。経営者は経営の才覚を経営神経に変えることであり、経営神経の向上は経営者である以上一生続けることになる。

資金が無いといって借金に頼りすぎない事も経営であり、借入金を最小限に押さえ、内部留保利益で資金を廻すことである。又やみくもに資金捻出の為と称し博打的な事業に手を出さないことである。博打的な事業あるいは、流行りの事業で成功した事業者を見たことがない。流行りの事業はそのブームの終焉と共に終わりを迎える。

まず自社の専門とする仕事を発展させ、本業で利益を算出することの重要性を実感し、ある程度の自己資金の充実ができてから、新規事業に手を出したい。新規事業立ち上げ時に、自己資金の他に借入金も要するのであれば十分な計画と勝算のもと借り入れをすることである。事業に失敗すると最悪借金だけが残ることだけは避けたい。次の新規事業は前の借入金の大部分を返済し、さらなる自己資金の充実の元に実行することである。損失による被害を少なくすることになるからである。

新規事業は失敗の確率も高いが挑戦する価値があれば果敢に挑戦するもよい。事業は自己資金を中心に事業拡大新規挑戦を繰り返すことにより会社も事業も充実し発展していく。くれぐれも成功する可能性の低い事業は銀行から借りれで行うべきではない自己資金でやることである。余裕資金の範囲内でやることである。

15　経営の原理原則の2つ目は利益を上げることである

経営の原理原則の一つは、社会に貢献する組織を構築することであったが、もう一つは会社が利益を上げることである。自社の商品サービスや技術が社会に受け入れられ感謝の証ともいえる利益を計上することである。利益は会社が発展する為の基礎となる原資であり、それにより給与を支払い資材や商品などを仕入れ、さらに会社を発展させる原動力となるものである。

いくら社会貢献、社員の福祉の充実、お客さん第一主義に成功しても、会社に利益が残らなければその会社経営は失敗といえる。

会社経営に興味のない者や経営の思わしくない他の業者から「金儲けばかりしてどうするの」とか妬みを言われることもあるかもしれないが正当な経営をやっていれば全く気にしないことである。自社の評価はお客さんや取引先が決めることである。

16 パソコンの普及は会計の近代化を一気に加速した

同族会社の経営者についても経営数字を身に着けることは経営の必須条件である。

ひと昔前の親の世代の経営者においては決算書は単なる数字の羅列であり会社の飾り

物であり銀行や税務署に提出する書類の一つであった。年一回決算書が作成されるだけで、常日頃から月次の決算書が出来上がっていることもないことから決算書に馴染みがあるわけでもなく、理解もできてない会社が多かった。

親の世代の決算書は経営と決算書は別物であるという意識が強かった。いくら説明しても理解してくれず「帳簿を付けたら売上が上がるの」という根本的な誤解もあり正確な決算書が、企業の中になかなか根付かないのである。

それを解決したのは人の力ではなくパソコンの力である。今まで年1回の決算書の作成が、毎月迅速にできるようになった。前月までの決算書を毎月見せられると、次第に数字の嫌いな経営者でも目を通すようになり理解できるできるようになってきたのである。パソコンの利便性にいち早く目を付けた経営者と、そうでない経営者の差が経営の差になってきたのであり、時代の流れに乗ったかどうかである。

1年前の売上や経費は覚えてなくても前月の売上や経費は覚えているはずである。そこから興味を持ちだしてきた。さらに売上を上げるにはどうするか、粗利益率を上げるにはどうするか意識した企業努力が始まるのである。薄皮一枚の努力かもしれないが将来に繋がる大きな切っ掛けになる。

現代経営においては数字は苦手だからと言って避けて通ることができる時代ではなくなっている。現実の経営活動を数字に置き換えて経営の良し悪しを図り、経営の疑問点を洗い出し、経営の方向性を決定しなければならないからである。

利益率の高い経営者は意識するしないにかかわらず数字に関する感度が高く、決算書の数字を通して会社全体を見る目、個々の売上や経費や利益を見て詳細を見る目、会社の実態が時の流れに乗っているかの流れを見る目が優れている。

売上が落ちていく傾向にないか、時代やお客さんが求めている商品サービスや技術なのか時代に適応しているか、決算書の流れの数字と現場での売上の感覚を肌で掴まえていくのです。

決算書の数字は良くないが市場は活性化しているように見えたり、決算書の数字は良いが市場は活性化していない場合があります。原因を突き詰める必要があります。

市場が活性化しているのになぜ自社の数字は悪いのか、市場は変わらないが自社の経営数字が悪ければ、早めに原因を突き止め手を打つ必要がある。経営数字を現場に生かす経営者の腕の見せ所です。経営数字が見えないと経営活動を数字で図ることができず弱い経営になってしまいます、経営数字に強くなろうとする意識の問題でもあり「帳簿を付けても決算書を作成しても売上は上がらないでしょう」というレベルの低い問題ではないのです。

17 決算書を見るポイントを自分のものにする

学校での数字と会計上の数は、「売り上げ—仕入れ—経費＝利益」と計算通り行きますが、ビジネスの数字の世界ではそうはいきません。第一売り上げを上げないと仕入れ代金や経費を支払うことはできませんし、また利益が計上されてもお金がなければプラスとは言えません。損益計算書は表面上の数字だけを見るのでなくその成り立ちを見るのです。

決算書を見る際にはポイントがあります。まず損益計算書を理解することからはじめます、損益計算書の仕組みはとても簡単です。1期間ごと売上を集計し、売上原価を集計し、その差額として売上総利益額と売上総利益率を計算します、売上総利益の額から固定などの経費を差し引いて利益を計算します。実に簡単です。この時点で損益計算書を理解したと軽く考えその後の分析探求を怠ると経営はそこ止まりです。「損益計算書を作成しても売上は上がらないでしょう」状態になってしまうのです。損益計算書の活用はここからがスタートなのです。数字と実際の活動の結果としての擂り合わせが始まるのです。

どのような活動行動の結果その売り上げになったのか、粗利益率の変動の大きな原因は何か、安受け安売りしてないか、固定費は売り上げや粗利益の額と照合して突出してないか、利益が小さければ売上が低かったり、前期と比較して固定費が増えすぎていないかなどを分析し頭の中にインプットします。この頭の中へののインプットは単なる損益計算書の数字を経営数字として生かしていく今後のキーワードになります。現在の取引先、将来の取引先、一般的な相場や内部的な売上原価や経費の効率化の見直しによる低減などについて生かしていきます。経費の効率化を妨げる要因の一つに時間の活用の無駄使いがあります。その時その場の行動ではなくスケジュラーなどでしっかり管理することです、時間の管理は自分でしかできない事項です。

分析の中で重要なのは売上です。売上は単価と数量に分けて考えることもポイントです。同じ額の売上を上げるのに額が高ければ少ない数量の売上で済むし、単価が低ければ数多く売る必要があります。この場合忘れてはならないのが固定費です。固定費は売上の数に応じて増えていきます。数多く売るには人件費が掛かります。在庫も多く要します。運搬費なども掛かります。沖縄の市場はそう大きくはありません、したがって同じ額の売上にするには安く数多く売るのではなく付加価値を付けて売ることです。

経常利益率の高い会社は付加価値の高い会社でもあります。個々の売上の中で数の売上の割りに利益が上がってない、現金が残ってないなど気になる異常な数字を見つけ対策を講じることも重要です。例えば薄利多売の見込み違い、過大在庫、売掛金の回収遅れ、固定費の増加による効率性の悪化などです。

同族会社の社長には誰も指示できません、経営を理解し経営数字を理解し自分で気づき経営に活用するしかないのです。

ステージⅢ

マーケティングはお客さん視点で考える

01 売上を伸ばすにはマーケティングの発想も当然に必要である

会社の利益をマーケティングの面から見てみたいと思う。ある経営学者によると損益計算書上の利益は幻想であり存在しないというのである。会社にあるのはコストだけであり会社活動の為のコストが発生するだけというのである。

利益は、現金預金の増加ではなく、損益計算書上の売上から費用を差し引いた差額（利益）を見て儲かったと表現しますが、これはその分キャッシュ（現金預金）が残ったという意味ではないということです。利益が損益計算上生み出されてもキャッシュが不足すると会社は倒産します。もちろん短期的にキャッシュがマイナスであっても利益を出し続けると長期的はキャッシュはプラスになります。会社の資金繰りを考える上でここはポイントです。赤字でもキャッシュがあれば倒産しないという表現に惑わされないことです。

企業の内部にあるのはコストであり利益は外部からもたらすものである、ということをある経営学者は断言してます。企業の経営活動に伴ってコストが発生するのは確実であるが、その分利益が確実に生み出されるわけでなく、利益を生み出すことができないとコストの浪費で終わってしまいます。

社員が意識して利益を生み出す事業活動をしなければ、やたら忙しいだけで利益はコストを超えることはできません。そこにマーケティングの必要性が出てきます。

利益は、会社を存続可能とする絶対条件であり、利益は事業の妥当性を評価するモノサシでもあります。お客さんが当社の商品サービスを本当に必要としているか喜ばれているかのモノサシなのです。

利益は将来のリスクに備えるものでもあり、事業活動をするうえで予期せぬリスクは避けられないというものであり、そのリスクに備える為にも利益を算出しキャッシュを増やし続けることが将来のリスクに備えることができる唯一の方法です。利益は資金調達手段としての役割もあります。設備投資の為に内部留保に裏付けされた資金の活用は必要不可欠なものなのであり、全額を金融機関からの借入に頼るのでなく一部を借入ることにより金利も抑えることができ返済額である社外流出も少なくて済むことになります。

これらの利益を生み出すのは外部取引であり、その外部取引を通じてお客さんに商品サービスなどを売上げて、代金を回収することによって初めてコストが回収されるというものです。この外部取引である売上をどのように強化し拡大し研究していくのがマーケティングです。マーケティングは損益計算書の売上の増大を図る戦略です。

02 マーケティングの視点で売上を考える

マーケティングはお客さんに自社の商品サービスを買いたいと思わせることからの視点です。自社の商品を売りたいという自社目線の売り込みが主体ではなく、お客さんが自社の商品サービスを自ら買ってよかった、と思える満足を与えることができるかどうかです、お客さんにとっての満足は価値があるものであり買う動機なのです。

単に自社の商品サービスは良いものだから売れるはずだと思ってもお客さんがその商品に価値を感じなければうまく売れません。

大事なのはお客さんを自社に引き付ける力であり、お客さんに売り込む力ではないのです。お客さんが買わされた感ではなくお客さんの意志で手に入れた感なのです。

マーケティングの視点は、お客さんの立場に立って、同じ商品であっても差別化された商品であっても、お客さんに買いたいと思ってもらい実際に買ってもらうことです。

売れる為には、売る方法を自社を中心に考えるのではなく、どうしたらお客さんは自社の商品サービスを買ってくれるか買い手であるお客さんを中心に考えることです。マーケティングの思考は売りたいものを売るという視点ではなく、お客さんが買いたいと思うものを売るという視点であり、継続的に売れる仕組みを作り、将来的に販売という戦術を不要にするか少なくすることです。

当然のことながら個々のお客さんの後ろには、まだ自社を利用してもらってない将来のお客さんもたくさん控えているのであり、そこへのマーケティングの視点も大事です。

03 自社のビジネスモデルを貫いて売り上げを伸ばしている会社

ある事例であるが入居者優先とローコストマンションを独自の施工方法で売上を伸ばしている建設業者がある。入居者にとって家賃が安く快適に過ごせることが主な入居選びの基準である。アパートの建築主にとっては、建築コストが安いこと、部屋が常に満室であることが建築の条件である。これは建設事業者が入居者と建築主の要望を考え抜いたマーケティングである

そのあるアパート専門の建築業者は、入居者の為の住みやすさ、建築主の為にはローコスト建築を追求したのである。建築コストが高ければ必然と家賃は高くなり常に満室状態というわけにはいかなくなり、アパートに掛けた投資金額の回

収も難しくなります。

その為建築コストを安く仕上げる為に考えだしたのが、敷地の造成整備から鉄筋工事、型枠工事、給排水工事……外構工事など概算一式見積もり工事様式の一括りとした、過去の習慣による大雑把な見積もりの見直しから始まり、さらに徹底した規格化による建築期間の短縮、無駄な経費の削減によりコストの低減に成功した例である。


例えば規格化された寸法のタイルやアルミなどの材を使う室内等はそのタイルなどに半端な端材が出ないようにその寸法に合わせて建物を作ることにより、現場でのカット作業をなくしたり、細かい現場でのカット作業は機械道具を持ち込んだり人の手が掛かったり端材処分のための経費が掛かったりとコストがその分かかってしまいます。

最初からタイルやアルミに室内の大きさや窓枠を合わせて設計すると、無駄な人件費なども含めてコストが節減できる。さらに建築する建物を規格化することにより協力会社が変わってもいつもの流れで作業を指示することができ、協力会社も2度目の請けだと同じ工法であり、同じ規格の資材を使うので材料のカット作業もなく工期を短縮することができるというメリットがあるということです。

またアパートの建築主から設計や工事の変更を求められても一切応じないということであり最初に説明した設計通りの施工ということである。一度変更に応じると次々となし崩し的に設計変更が増え建築原価のコスト減どころかコストが増えるだけである。

この建築業者の理念は入居者にとって家賃が安いこと、建築主にとってはローコストのアパートを提供することであり、設計変更や工事変更はその分コストが高くなるので会社の方針に反するというのである。

この建築業者は売上げを中心に考えるのではなく、自社の方針を曲げることなく、居住者の快適な住みやすさ、アパートの建築主には常に満室に近い状況を提供しローコストによる投資金額の負担と金利の負担を減らすことに重点を置き、建設業者にとってはその結果、着工戸数が増え、同じ建築資材をより大量に仕入れることにより、相乗効果を生み効率的に原価を削減することで利益を上げている会社である。

04 感動の大きさは売上に比例する

素晴らしいと感動感激する商品サービスは定価の倍以上のお金を支払っても手に入れたいという心理がお客さんには働くようである。あるいは同じ価値の商品サービスであっても販売方法など感動感激する会社にはお客さんが殺到する。通常定価5百円の果物であっても、おいしいと感動の付加価値を与えてくれる果物には千円以上でも買ってくれるそうである。千円のおいしいステーキ店は満席で行列を嫌う沖縄でも行列ができるほどである。そこにはおいしさだけでなく知名度や安心安全という価値も入っている。一律千円という価値も入っている。

お客さんは、商品や値段や美味しいという味だけでなく、感動や知名度も同時に買っている。あのお店でステーキを食べてきた満足感というステータスである。

しかし珍しいとか真新しいとか美味しいだけではすぐ飽きられてしまいます。お客さんは浮気者であり常に新鮮で新しいものを求めています。

新規開店の沖縄そば屋がある。最初のうちは珍しくもあり味もまあまあ美味しく感じられ繁盛するし口コミもある、しばらくしたらお客さんが来なくなるお店も多い、開業時のお祝儀交じりのお客さんの入りに満足して、お客さんが味に飽きてきているのを見過ごしてしまうのである。

沖縄そばは一般的な庶民の郷土料理でもある為か、幾ら美味しく作ってもその範囲から抜け出せず飽きられてしまうことが多い、おいしさは一時的であり人口の少ない沖縄ではすぐ一回りしてしまうそのため味の研究は欠かせない。

その点ではラーメン店はその店独自の味もあり味の研究は一歩先を行っているようであり、全国隅々にある洗練されたラーメン店と、沖縄限定の固定化された沖縄そばとの違いなのか、もう少し柔軟に現代にあった且つ沖縄を生かした個性的な味や見栄えが必要かと思われる。

沖縄そば以外にも、お客さんは常に使えるものの、新しいものに興味を持ってやって来る。商品サービスの研究は企業には欠かせない。

05　時間単位の活用で利益を上げている会社

1日百食限定の専門飲食店が内地にあるという、しかも時間限定である。この飲食店は仕入れも単純であり百食分に合った食材を仕入れるだけであり、開店時間だけが決まっており売り切れたら即閉店であり百食売れたら終了である。これを可能にしたのは百食という数の限定と最高の味を常に追求し続けるという戦略である。

味の追及はその店独特の味もあるがいずれ飽きられてしまう。一日百食限定を短時間で売る為には味も高めなければならない。常に味の追及は必要でありお客さんと接する従業員の意見も参考にする。百食その日に売り切らなければ早く帰れない、百食分の仕入れがあるので売れないと材料費がムダになる為利益率も悪くなる。

さらに広告宣伝費を使わず経費を切り詰める。その分利益率は良くなる。1種限定という珍しさ、注文のし易さ、味の良さで口コミで広がっていったという。従業員の採用もユニークである。現在在職する従業員と価値観が合うかどうかの採用基準であり、チームワークを重視する採用方法だという。また毎日決められたことをキチンとやることができる人かどうかであり、優秀な人はいらないというあれにもこれにも挑戦したいという人は採用しないということであり、自社の方針に合った従業員を採用するということである。

1日百食限定、営業時間短縮以外の特徴は従業員の多さである。経費節減のため従業員の数を絞るのが普通の経営であるが、従業員を余分に採用することで、一人休んでもカバーできる体制である。従業員の中には子の学校行事などで休まざるを得ない場合もあり従業員が多いと他の者がカバーできる、それによりパート従業員も長く勤めることができるということである。

この会社のユニークさは「お客さん第一」を前面に出すのではなく「社員の働き方第一」である。お客さんに対する戦略は最高においしい思える味の提供と、何時に来てもお店や席が空いている訳ではないので、いつかは来たいという期待感を持たせることである。従業員には気持ちよく働いてもらい百食売上限定で営業時間を早めに切り上げることにより従業員に個人として使える時間を長く持ってもらうことである。

通常会社側からすると人件費は会社の固定費の大部分を占めるのであり、人件費を節約して利益を上げるという仕組みであり、目一杯時間を使い売り上げを多く上げる仕組みの会社が多いが、この百食限定の飲食店は、時間をうまく活用したビジネスモデルである、営業時間を広げて売り上げを増やすマーケティングではなく、百食分の売上という数を決めて営業時間を短縮した時間当たりの売上を重視したマーケティングである。

同じように手作り感満載の不ぞろいの麺が売り物の沖縄そば屋さんがある。売り物はもちろんメーカー側が作った仕入品ではなく、オーナー自ら手打ちした沖縄そば麺である。決して美味しいとは思わないが（失礼）話題性は抜群である。お客さんは地元の方のみならず、「わ」ナンバーなどのレンタカーも多く内地の観光客もネットなどを見てやって来るようである。土日のお昼頃になると外での行列が出来き、この行列もまた話題性に役立っており、さらに売り切れ時間帯の午後2時半ごろになると大きな文字で「本日売り切れ」の看板が出るのである。このお店も仕入れ商品の売れ残りという無駄がなく、営業は昼間だけという人件費や水道光熱費の節減に役立っているようである。

さらに毎日百食限定でなく、客入りの動向を見て曜日毎にデータを取って数を設定するのもよい。定員どおしで雨が降ると客入りが少ないとか予想あてゲームで終わっていることがあるが、データをとって経営に生かさない手はない、何かしらの工夫は経営には必要である。

06 各種記念日や日付と商品のフック

商品やサービスが売れる日がある。人が作り出した何らかの行事の日の商品サービスである。12月24日はクリスマスの日であり12月31日は大みそかである。その日はケーキや沖縄そばが売れる日である。単純にケーキの日そばの日を作ってもその日にたくさん売れるとは限らない。その日とそれらの商品を強く連想させることによりお客さんの購買心のフックに引っかかるのであり企業側の功妙な戦略があったことが推測される。

自社にも応用できないか考えてみるのも面白い。毎年決められた定期の日にイベントを打ったり、年に数回お客さんに決められた日にハガキなどの便りを出すのである。毎年決められた日にイベントやハガキを出すのであり、不定期的では相手のフックにかかりにくい、そろそろ来るなという相手のフックを前もって呼び起こしておくのである。自社にとってもスケジュールルに組み込むことによって計画的に行動に移しやすい。

07 SDGsに合うもの合わないもの

売れる以上に商品を作りすぎると、資源の無駄使いであり会社の利益にも関係する。地球規模のSDGsの面からもよくないようである。

自社においても同じようなものがないか考えてみるのも面白い。世の中不要なものをなくすというSDGsの時代である、例えばゴミを無くす、リサイクルで使えるものは再利用する、容器などはプラスチック製品ではなく、容易に土に帰る商品を使いムダと思えるものを使わないなど多彩である。

その中の一つに年賀状と暑中見舞いがある、年賀状も暑中見舞いもSDGsのあおりで廃止する企業も多いという。それはそれで結構であるがお客さんと自社をつなぐパイプであるはずの新年のあいさつである。年賀状と暑中見舞いを比較すると暑中見舞いの廃止はまだ理解できるが、ハガキでの年賀状は自社のこれまでの文化として残しておくとお客さんとの関係で良い方向に向かうと思える。

企業活動においてはメールやFAXでの年賀状は、普通のPR用の発信物と何ら変わらないレベルであり心に響くものが薄い。年賀状をSDGsした結果自社もSDGsにならないことである。誤解を恐れずに言えば年賀状の廃止は一般生活社会の中での出来事であると思いたい。

08　売上を伸ばす為には情報の収集活用も必要である

情報過多社会の中で情報をむやみに集めたり、珍しい情報に頭を突っ込むのではなく、目的をもって仕事に活用するということを想定しながら収集することが利口である。自然に任せてむやみやたらに収集していると、情報過多になり迷いが生じ適切な判断が下せなくなり仕事の効率が悪くなる。くれぐれも情報は、目的をもってその目的に合った情報を集めることである。不要なもの事業に関係ないものは時間の足かせになるだけであり早急に消し去ることである。

そもそも不要な情報は集めないこと、貯めないことである。情報は集めるだけでなく活用しないと意味がない、自社の事業の目的に沿っており自社に活用でき、自社にマッチした情報を集めマーケティング戦略に活用しないと意味がない、情報の陳腐化は早く、一度手に入れた情報は早めに応用を模索し加工し活用し陳腐化したものは早めに消し去ることである。そうでないと次から次へとやって来る情報の波に埋もれてしまう。情報の整理整頓や掃除がうまく出来ない人は机の中やパソコンの保存画面にも表れる。どこにしまったか探せなくなってしまいいざ必要というときに出てこない。

09 情報収集はマーケティングだけでなく経営の参考にもなる

情報収集が難しい沖縄においては、本や業界紙などの雑誌からの情報収集が特に必要であり、スマホ、テレビ、インターネットや経営雑誌などに紹介された最近のものから、成功している経営者が書いた本などを読んで経営に活用することである。自社の経営に関係する書籍だけでなく、歴史もの特に戦国武将を題材にした本も大いに参考になる。

織田信長の戦国時代を背景にした壮大な野望、戦国時代に終止符を打つという「天下布武」を掲げた壮大な夢。それを支える豊臣秀吉の人転がしの策。人を生かし部下を重用した武田信玄。粘り強く状況を見据え、敵方を混乱させ利用し敵方を疲れさせ最後に天下を納めた徳川家康など読んでいても面白い、戦国時代の経営術である。

すぐに使えるわけではないが、潜在意識の中に忍ばしておくのである、頭のフックにかけておくのである。忘れてしまうことも多く、頭のフックから外れてしまうことも多いがどこかに残っているのは間違いなく、数多く本を読んでいると浮かびあがってくるのである。有名な経営者の書いた本を読んでいると会社経営のアイデアや経営の法則などが見えてくる、いつの間にかその経営の法則が身についてくるのである。本はいくらでも出版されておリ利用しない手はない。

たまに本は読まないという経営者がいる。時間がないというのであるが、そんなことはない。カバンの中に忍ばしておくのである。病院等の待ち時間や喫茶店などでの待ち合わせの時間にでも読める5分10分でも読める。読む癖を

付けることである。スマホからの情報収集と本からの情報収集うまく組み合わせることである。できれば本は1日1時間程度は読みたい。

10 中小企業にライバルは付きものである

中小企業に独占は無いしあるわけもなく、良い市場には必ずライバル企業が参入してくる。しかもライバルは同業者とは限らない、目に見えない頭にも浮かばないようなライバルが知らず知らずのうちに参入してくる。

そして自社も自社の商品・サービス技術が今後も通用するのか、市場の動向をよく研究しないと、どこの、誰が、どのような形で参入してくるのか、いつきたのかわからなくなる。自社の商品サービス技術に関する情報収集は絶やしてはならない。例えばカメラがスマホの写メに、企画書などが紙での作成保存から電子での製作保存に変わり、建築の世界においても機械化や電子化が進み前の時代工法とずいぶん変わってきた。

これからもすべての業界においてＩＴ化が進んでいくことが簡単に予想される。これからのライバルはＩＴでもある。ＩＴに限らず先進技術をうまく活用した企業に勝機が訪れそうである。そのための情報収集は欠かせない。

ライバルは日本語で表すと好敵手であり、良い刺激を与えてくれる存在でもある。ビジネスはライバル会社を打ち負かすことに神経を使うべきでなく、利益をもたらしてくれるお客さんに神経を使うべきなのである。

経営方針の全てを、お客さんのための商品サービス技術の磨きに神経を使うのである。戦う相手を間違えないことである。

ライバルの無い地域社会でヌクヌクと仕事をし、ゆるく仕事をしていると、突然強力に洗練された資金力も高い内地の同業ライバルの子会社あたりがやって来て市場をさらわれることにもなりかねない。常日頃から地域に密着し、自社の商品サービスや技術に自社なりに磨きをかけているつもりであっても、緊張感の低下や商品サービス技術などが陳腐化して、お客さんから飽きられても中々気づかない。

突然やってきた例えば内地の子会社は、商品サービスや技術が高く資金力もあり広告宣伝の仕方も沖縄地域の普通の常識を超えている。やって来た子会社のターゲットとなる地域内の全会社または全世帯にチラシ、メール、訪問等を繰り返して営業を開始するのである。

対抗手段はあまり多くはない、その一つは常日頃から地域密着型で対面式で仕事を進めて行くことであり、内地の子会社の短所はビジネスのイロハはよく知っているかもしれないし言葉もビジネス用語であるが、地域のことはよく知らないことである。当たれば儲けもの的な方法で言葉巧みにやってくる。

逆の立場から見ると強い相手のいないライバルの少ない地域への進出も一つの戦略である。マーケティングの結果が表れ易い戦略でもある。

地元の企業にとって地域のお客さんとの密着度と商品サービスにいかに磨きをかけ研究したかが勝敗の分かれ目である。又その切磋琢磨のためには地元のライバル会社は欠かせない存在である。

11　会社の名を売るためのイベントやセミナー

会社の名を売ることも、商品サービス等を売る以上に社会に対するインパクトは高い。会社の名前を売ることにも広告宣伝が必要であり、会社のネーミングは取り扱う商品サービスや技術がイメージできるようにすることである。さらに会社のホームページやチラシ名刺についても、一度で目を引く工夫が必要である。お客様に分かり易く伝えやすい工夫を与えるネーミングは長い間お客さんの記憶の中に残る。

その中での企業のイベントやボランティア活動もその会社の名を売る為の作戦でなければならない。セミナーや商品サービス説明会などのイベントは取引先であるお客さん相手の色合いが強く、自社と取り扱う商品サービスのアピールの場でもあり取引先と信頼を強くする場でもある。

企業が行うボランティアは地域社会への還元であり、地域密着作戦の位置付けである。ボランティアであっても将来対価という見返りは企業にとって必要であり、将来対価のないボランティアは損失である。

社会貢献のためには時々ボランティアも必要であり、企業にとっては自己の強みを生かしたボランティアは将来に繋がる。商品が売れず安く販売せざるを得ない、あるいは無料提供のボランティアは戦略の失敗でありむしろ破棄した方がよい。

ステージⅣ

会社は社長により組み立てられ社員によって色付けされる

01　社員を採用するときは前向きな人を採用する

社員の採用はまず人選から始まる。採用時の人選ほど難しいことはない。自社の条件に適合した社員をどう選択し採用するかである。これは受ける方の応募者も同じである。

この会社に就職して満足な給与をもらえるか、最適な仕事人生を過ごせるか、自己実現の場になり得るか、応募者には応募者の立場がある。採用する会社も応募する応募者も面接前には十分にリサーチしておくことである。

自社に必要な技術や資格を持っている人や仕事に前向きな人を採用したいが、タイミングよく採用できるとは限らない。中小企業においては人員が不足した時に少人数の採用がほとんどである。

計画的に企業の拡大に合わせて採用したいのであるが、必ずしもスムーズに、その必要な時に必要な人材を採用できるほど世の中甘くない。むしろ前任者が前触れもなく退職し、その穴埋めのために急遽採用することも多く、仕事を別の後任者に任せるにしても時間もなく引き継ぎもままならない。

採用に当たって大事なのは、その応募者が自社で働くことについて、性格的に前向きであることは特に重大である。能力もあり技術も持ち合わせていても性格が後ろ向きだとすべてがマイナスに働く、宝の持ち腐れである。能力も技術もまったく生かせることなく他の社員の足を引っ張りかねない。後ろ向きな人は成長のスピードも遅く研修教育費の無駄使いになる。人によっては経営方針を理解しようとせず良い案を持っている訳でもなく、むしろ破壊しようとするのである。そういう人は早急に辞めてもらうしかない。最初から前向きな人、自社の仕事に合う人、性格良い人、素直な人、規律を守る人を採用したい。

採用の際その性格を見抜くことができればよいのだが、なかなかうまくいかない。後ろ向きな人に限らず、「会社のために一生懸命頑張ります」だから採用してくださいということをアピールしてくるのであるが、仕事が嫌な人、働きたくない人、仕事に誇りを持てない人は、しばらくすると後ろ向きな性格が出てきて仕事に対し何かにつけて言い訳をするのである。

採用の際は自社においても、自社の仕事について採用の為の甘い言葉でなく、当社の方針や仕事について本心から賛同し当社で働きたいと思っているか、経験の為だけに短期間勤めたあと辞めたいと思ってないか、繰り返し聞いてみることである。同じことを角度を変えて3回質問すれば本心が出てくるといわれている。例えば、採用する側から見れば出来れば長い期間働いてもらいたいのである。応募者からするとまずは働いて見たいという好奇心が働き、嫌なら辞めればいいやという軽い気持ちでの面接であるかもしれない。そこに採用の難しさがある。数人のうち一人程度はやはり後ろ向きの人は出てくるし、自社に必要な能力や技術の向上に興味ない人も出てくる。いずれにせよ一度採用したら簡単にはやめさせることはできないし、採用時の面接は重要であり採用したら教育研修の必要性は中小企業ほど高くなる。社員研修により仕事のレベルを上げることでチームワークもよくなり組織も充実し会社も発展してくる。中小企業ほど社員一人ひとりがお客さんに与える影響も大きい。それは良い影響でも悪い影響でもある。

新入社員には業界用語や自社の独自の言葉は通じない、会社独特の雰囲気の中で作りだされる用語もあり、仕事の一部を伝えたつもりでも実は通じていないこともよくあることである。簡単な仕事をお願いしても、別の仕事をしていたり、全く手を付けていなかったりということがよくある。本人に理由を聞くと、何か言われたけどよくわからず、お願いされた覚えはないという。言葉が通じてないのである。人は経験したことがないとイメージできないし正確には理解できないようである。新入社員のうちはまず仕事のお手本を示すという手順からはじめないと伝わらない。

02 新規卒業者と中途採用者の採用は大きく異なる

社員の採用は会社の成熟度によっても変わってくる。創業期の会社には新卒者の応募者は少ない、むしろある程度の社会経験をのある社員を採用した方が良いように思われる、気になる点は前の職場をやめた動機であり、そして再就職の為自社を選んだ理由である。前の会社を辞めた動機がそろそろ責任のある仕事をさせられそうになったとかで辞めたのであれば採用しない方がよい。応募者が卒業当時、自社と同じような業種に採用が無かったので、今回の募集を切っ掛けに申し込んだのであれば採用も有りである。

中途採用の場合、前職での仕事の内容や、成功したこと失敗したことも聞いてみることである。失敗したことが数回あっても気にすることはないチャレンジしたことがある証でもある。成功したことがある人の話は割り引いて聞くことであり、過大評価しないことである本人がそう思っているだけかもしれないからである。

中途採用者の場合、前職の癖が無意識に出てきたりするので直すのに時間がかかるが、当社の仕事の手順よりも効率が良かったり斬新な手法だったりする場合もあるのでそこは取り入れたほうが良い。

成熟期の会社で余裕があれば、新卒者の採用を勧めたい。1から教えた方が自社の経営方針や仕事の飲み込みが早いからである。ただ新卒の新入社員を一人前の仕事人に仕上げるには、時間は掛かるが自社の仕事の方針に素直に従っていくのでトラブルは少ない。

面接の中ではコミュニケーション力や仲間を大事にする協調力にも気を付けたい、そして大事なことは自社の仕事に対して前向きであるかどうかである。

新入社員が入ると会社も活性化する。中小企業といえども2年から3年に1人程度は採用したい。新人が入って1番喜ぶのは新しい後輩ができた入社して3年から5年目の先輩社員である。しかし喜んでばかりはいられない、次の上の段階の仕事が待っているのであり、自分が持っている単純で楽だった息抜きの仕事を、右も左も解らない新入社員に教え引き継ぎ自分はさらに高みを目指さないといけないのである。

新人を採用すると通常は慣習的に3月間はお見合い期間あるいは試用期間であるが、その期間に新人社員も自社もよく見極めなければならない。会社にとっては本当にこの人物でよいのか、新入社員にとっては本当にこの会社でいいかである。試用期間を設けたとはいえやはり良く検討することである。

03 会社経営の限界は社員の採用で乗り越える

会社が小さいうちは経営者のワンマンスタイルで充分であり、あるいはその時その時の閃きや思い付きで仕事が気軽に進み変更も修正も自分次第である。しかし取引先が増えてくると、経営者一人の力では手に負えなくなり、会社の発展、事業の拡大が阻害され、個人一人で行う経営に限界が出てくるのである。そこで人員を増やして自分の代わりに、仕事の一部分を任せ働いてもらう必要性が出てくる。

会社で働く社員の可能性を最大限に発揮させることにより、そして社員に会社の方向性を理解させ、そこに向かって正しく行動できるかで、会社成績の良し悪しが決まってくる。

社員に自社の経営理念を理解させ一つの目標（経営基本方針によりお客さんに提供

する商品サービスの内容を知り経営計画に沿って仕事をする）に向かわせ、成果を出せるかの道しるべの仕組みづくりを経営者はしなければならない。「社員が働いてくれない」のではない、目標へ向かう仕組みを作ることが上手くできたかどうかである。そこに経営者の経営力が活かされる。

会社の成果は、社員に会社の仕事に関する教育や研修する時間を与え、仕事に見合う権限を与え、持てる能力が発揮できる環境作りをすることにより成果は上がってくる。俺の言う通りにしろでも成果は上がらない、社員の納得と社員自らの積極的行動が必要である。

最終的には長期的に経営を維持できる会社作りの手法は、経営者によって異なるが、最終目標は一つであり会社を発展させることである。そのためにはどのような方法で社員を含め会社をどうまとめ上げるかであり、何が正しいかではない、どうしたら大きな成果を上げることができるかであり、経営には答えはなく成果が出たかどうかである。

04 社員の育成研修は将来投資である

会社の仕事は時代の流れと共にいつの間にか高度になっていく、それゆえ社員教育は欠かせない。ひと昔前までは社員のマナー教育は家庭で行うものとされていたが、現代社会ではそうではないようである。社員として入社したら社員としてのレベルアップ教育は会社が行うものとして何も学習せず入社してくる社員がいるが、入社前にある程度学習していると会社も嬉しい。なんとなく入社した社員に比べやる気のある社員はレベルアップも早い。

社員は採用しただけではまず使えない、会社に成果が上がるように育成しないと採用された本人のためにもならない。会社にとって社員の成長は会社の発展を左右する。特に中小企業にとっては、社員一人ひとりが会社に及ぼす影響は大きい。社員の数が少なければ少ないほど会社の売り上げや、会社を代表する社会との接点の割合は大きくなる。

できるだけ優秀な社員を採用したいところであるが中小企業には優秀な社員はまずやって来ない。だからこそ普通の社員を優秀な社員に仕上げて中長期的な発展を実現していくのである。

中小企業にとって社員の成長は重要であり、中長期的な会社発展の為の研修であり社会に通用する社員の育成である。社員の成長は薄皮1枚づつの積み重ねであり、研修を今日受けたからと言っていきなり明日から仕事ができる人材に変わるわけではない。

社員教育研修費は長期的な将来投資であり会社の発展のための布石である。残念なことに中小企業には会社内に専門とする新入社員教育機関を設置する余裕はない。入社1年2年程度は単純な仕事をしながら外部研修、セミナー、Ｗｅｂ研修などに頼らざるを得ない。ある程度基礎研修終了後は、実務の中で教える仕組みを作るのがベターである。なお経費は掛かるが内地研修はより効果的である。研修内容は沖縄県内の研修と同じレベルでも内地に行かせたもらった精神的効果は大きく頑張る決意も強い。

05 社員の教育研修は二つの面から捉えることができる

一つ目は会社固有の仕事に対するスキルの向上である。これは主に研修や実務を経験することにより上達していく。

早く一人前に仕上げるには、新人社員研修担当の社員を付け短期間のうちにより多くの実務研修を受けさせ実践経験を段階を踏んでいくことであるが、中小企業においてはそのような余裕は人員的にも時間的にも資金的にも無い。

実務の経験は新入社員である期間は、先輩社員から実務の中で自ら積極的に仕事を習い、先輩社員から仕事のスキルを盗むことである。仕事のスキルを盗むことは新入社員の特権でもあり決して悪いことではない。

本人のやる気度に応じて上達度も変わってくる。次の段階はその社員の成熟度に応じた仕事を任せることである。そのことにより社員自ら疑問点を調べ、自分で苦労して仕事を完成させることである、早く一人前になる為にも疑問点を自己解決することをうながし慣習化させ仕事量を増やしていくことである、このことによりスキルも上達していく。いつまでも新入社員に手取り足取り教える訳にはいかないのである。

新入社員の成長を助ける上で新人社員から聞かれた簡単なことは教えないことも一つの手法である。新入社員にはまず自分で調べることを促すのである。自分で苦労して調べたことは、自分の知識として定着するが簡単に人に教えたもらったことは忘れるのも早い。

分からないことが出てきたら、何でも先輩社員に聞く社員は自分で考える癖がつかない。調べたら回答が出てくる疑問点はあえて新入社員に調べさせる習慣を付けさせるのであり考えさせるのである。

自分で調べて回答が出たら必ず報告を受けるのも仕事である。仕事の疑問点は技術やスキルの面だけではない。当社の指針に関するものもありこの考え方や行動は、会社の方針や戦略に沿っているかどうかの点検である。間違いでなければ一言ほめることである。

当然のことながら新入社員の仕上げた仕事はどこに落とし穴が分からないので、経営者あるいは先輩社員の点検作業は絶対的に必要である。あの新人がミスしたでは済まされないのであり、お客さんが迷惑するだけでなく、当社の信用を落とす出来事かもしれないのである。

社員研修を受け実務経験を積み自らの意志で行動し成長し、会社の発展に寄与できるのは人という資源だけでり、技術革新が早く世の中の流れも速い現実においては新入社員に限らずベテラン社員の継続的学習研修も絶対的に必要である。

二つ目は会社の経営理念などの方針を通しての会社に対する考え方の社員育成である。経営理念、経営基本方針、行動規範の徹底こそが会社で働くことの意義を見出すことができ、前向きな社員の育成が可能となる。

技術などのスキルは高いが経営方針が身に付かないと身勝手な社員、ネガティブな社員、批判的な社員などが生まれてしまう可能性が高い。技術的な研修と同時に経営方針の浸透も社員の育成には欠かせない。

ベテラン社員は、新入社員や後輩社員に教えることにより自分の力量を再確認できさらなる気づきも多い。新入社員に教えることは自分自身が学ぶことでもある。

新入社員に自ら学ぶことを教えることも、自社の方針や戦略などを教えることも仕事の一環である。会社のレベルが上がり良い環境が出来上がれば、自然に自社に適した社員が応募してくるようになりさらに会社のレベルアップが早くなる。

経営者であっても会社発展のために必要とされる新商品新サービス新技術の情報の収集や研究なども、自己の成長や経営神経の発達のためには学び続ける姿勢は大事である。

中小企業にとって経営者と社員の仕事が

できる距離は常に一定であり経営者が成長した分社員もその分だけ成長するといわれており、その学び続ける姿勢はやがて社風になり経営者を追い越す人物が現れた時に今よりもっと大きな会社になれる。

06 経営者のカリスマ性から経営力重視へ転換

会社設立当時や社員が少ないうちは、経営者のカリスマ性リーダー性も大いに必要である、特に会社設立時はそうであるがある時期が来ると会社理念や会社方針などの考え方が重要となってくる。経営者の考え方に沿って会社の理念や方針が作れるのは社長だけである。経営者の経営力である。

企業の発展は経営者の経営力がすべてである。これには異論はないはずであるが経営の見方を変えると、会社の発展は社員の協力によるところも大きい。社員が頻繁に退職を繰り返す会社は、経営者の経営力に問題がある場合が多く、ごく自然なことであるが、給料をもらっているお前のためだ、会社のためだと言って働け働けという考えは、経営のレベルがあまりにも低い。

社員からすると会社は、特に同族会社においては社長一族の為の会社であり、一族の金儲け、あるいは単なる社長の名誉の為の会社であり、俺たちは金儲けの道具であるというふうに思えてくる。そうなると一生懸命働くのがバカバカしくなり仕事の手を抜き、考え方も歪んでいき、退職を繰り返すようになる。この悪循環は会社の発展どころではなく存続さえも危ぶまれるようになる。

07 企業は人で持つ

会社発展の原動力は、社員が長く勤めることであり、社員がこの会社は自分たちのことをよく考え、家族や生活のことをよく考え、仕事を通して人として成長することを祈っているということを実感しないと、よい商品サービスは生まれないし提供もできない。

会社は長期に渡って存続して始めて成長も見込まれる、会社に夢を持てないことを理由とする社員の退職の繰り返しは、社長自身の夢も砕くことになる。社員も人の子であり退職は会社とは関係ないやむを得ない事情の場合もあり、会社は社員の退職のリスクに備えることも必要である。

社員業も事業である。社員も自分という独立経営体を運営しているのでありその責任者である。家族の生活や自分自身に対して仕事人としての責任を負っているのである。経営者は採用した社員へ給与の支払いに対し責任を負い、社員は与えられた仕事に対し社員業として仕事を完成させる責任を負っている。

経営者も会社を発展させる為の夢や希望目標をもってどうしたら実現できるのか、社員の立場を理解する必要がある。社員も生身の人間であり経営者と同格である。決して経営者がとびぬけて偉いのでなく、経営のかじ取りを任されているだけであることを理解しないと会社は発展しない。

経営者も経営者である間は一生学ぶ必要がある。時代は毎年変わるのであり技術も変わる、何よりも自己の成長は会社の発展を大きく支える。経営者の学ぶ姿を社員に見せる必要があり、それを見て社員も学ぶ姿勢が出来てくるのである。

08 自己実現は自分で努力して掴むもの

社員の自己実現は、会社の活性化を支える原動力である。会社が社員に与えることが出来る役割は、給与に代表される経済的喜びと、働いて社会に役立っているという働く喜びであり自己実現の喜びである。

仕事で社長や会社の仲間に認められると自己実現度も高くなり、ますます仕事に対する満足度も高くなる。自己実現は人間が本来持つ欲求であり、自己の持つ能力を十分に発揮し成果を出し、他人からも認められたいという欲求であり、それによりますます自己を高め研鑽していく。自己実現は自己を高めるうえでなくてはならものであり、それにより会社も発展していく。自己実現を高めるには経営理念等の手助けや社員の教育研修は欠かせない、高いレベルでの人と人との調和でありチームワークの構築にも欠かせない。ベースは経営の原理原則が実行されている会社であることである。

業績を上げるために社員は重要な戦力であり知識や技術力のアップは多くの社員が望むものであり、それは会社の売上への貢献発展のみならず、社会貢献にもつながる社員の自己実現の過程の一つでもある。社会的使命を果たす会社経営にとって社員も重要な戦力でもあり、社員もお客さんへの貢献や会社発展の為に努力する義務がありそこに働くことの喜びがある、そこからの自己実現である。

人は共同生活の中で持てる能力を発揮する。一人でいることも必要であるがこれには理由がある、共同生活を良くするための時間である。共同生活の中から幸福とか充実感は得られる。一人の時間は癒しの時間であり本を読んで知識を高めたり趣味に興じたりする時間であり充電の時間である。その時間は共同生活の中で活かされる。会社の発展は物から生まれるものではなく人から生まれるのである。個々の社員の

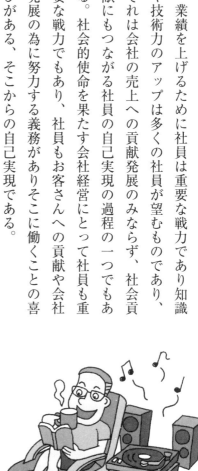

持つ特性や能力は同じではない。仕事を通しての共同生活を楽しくし成果を上げる仕組みを作り上げるためには、人が働きやすい職場は欠かせない。最大限に成果を上げることができる職場環境である為には、個々の社員の個性を尊重し活かすことである。

09 新入社員や部下へのノウハウは全て教える

経営者の仕事の一つに、部下である社員に仕事を教え伝授することと、自社の方向性を指し示す重要な役割がある。

経営者や経営幹部は、会社の技術的なことやノウハウについては、出し惜しみをせず、目の前にある仕事に関わることはすべて教えることである。自分の威厳を守る為とか、最後の段階の仕上げについては、あとで教えるとして取っておくのでなく時間の許す限り今教えるのである。例え仕事が1か月程度かかるものであっても、一通り教えることにより、相手の仕事の理解度のフックに一つでも多く掛けることである。

そのことにより部下が仕事を進める上で、部下が迷ったときに、あるいは再度教えを乞いに来た時に効率よく教えることができる。決して前に教えたことを理由に2回目は教えないいは無い。人の話は体験したことしか伝わらないし、体験したことのない新しい話は7％程度しか伝わらないからである。部下の理解度はやらせてみないと見えないものである。山本五十六の有名な名言に、やってみせ、言って聞かせて、させてみて，ほめてやらねば、人は動かじ、という名言中の名言がある。まず経営者があるいは先輩社員が日頃からやって見せることである。

常に技術やノウハウは進化し変化するのであり社会も変化していく、後で教えようとした大事なものが技術の進歩や変化とともに陳腐化する可能性が高く、今教えないと間に合わないのである。技術の進歩や変化はどう進むかわからない。

社員に自社の方向性を示し理解させ納得させ、心の中に落とし込み行動してもらうことも会社の存在に関わる大事な使命である。

会社の方向性は、まず会社の頂点に立つ経営理念があり、次に取り扱う商品サービスは何か提供する相手先はどこかを示す経営基本方針があり、それを実行する社員の行動の基本からなる。

これらの方針を、社員の心に落とし込むには、成文化が絶対条件であり理解させるには定期的な唱和も必要である。

これらの経営指針は簡単に変えるものではないが、会社が成熟していく過程においては、あるいは社会の変化に応じて社会に適合したより分かり易い表現に変えることも一層にかまわない。

経営理念は経営の原理原則であり簡単に変えられないが、経営基本方針は取り扱う商品サービスや相手とするお客さんが変わったときは変えることもありうる。

10 行動規範を示して意識して守る

行動規範は社員の些細な行動を促したり禁止したりする、基本的な行動規範であり会社の理念や方針を支える基本的な行動である。

会社の収益力を高めるにはチームワークを良くすることが求められる。その為には挨拶、礼儀、言葉使いを正しくすることが大事であり、お客さんと対面する時はもちろんのこと社員同士の時も同じです。さらに掃除片付けを徹底すること、批判的言動を口にしないこと、約束の時間を守ること、集中することを意識し身に着けること、1分1秒の時間を大事にすることなどその他日常的な些細なことがあります。

これらの小さな行動を規範として定めることにより争いごとが少なくなり職場のチームワークが良くなる。これらの行動規範を徹底したところで会社の売上がすぐに格段に上がるわけではないが、無駄な行動や精神的負担が減り仕事の効率化、スピードアップ化には繋がる。集中することを意識することや1分1秒の時間の大切さをわざわざ規範をもって定めることは、頭や精神の集中化であり浄化雑念を取り払うことでもある。批判的言動を口にしないこととは、言葉は凶器にもなりうるものであり相手の悪口を言わない、良いところを見るということであり、人間関係は小さな言葉使いからも崩れていくからである。

これらの行動規範は細かいマニュアルで社員を管理するのでなく、社員がある程度自分なりの方法で自己裁量で行動できるようにするものであり、お客さんの利益の為会社発展の為の仕事ができる人間に成長することを期待するものです。

11　集中力を身に付けると仕事が早くなりレベルも上がる

仕事を効率化し、仕事の成果を高めるためには、集中する時間が必要である。年中忙しく走り回ってもよい結果は出てこない。集中力は、集中することを意識し訓練をすることにより身に着けることができる。問題を解決したり、知識を高めたり、スケジュールを立てたりする為には、集中の時間が必要である。

集中に入るには個人差があるが、余計なことを考えず今すぐに没頭することを意識的に何回も行うことによりいつの間にか、時間を置かずに集中することができ、少しづつ集中力が身に着くようになる。集中しているときは別のことを考えず、目的とするものだけに没頭することです。周囲の些細なことに気を取られないことである。

集中して考えることにより知識や経験が身に着いてくる。集中する時間の長さは目的とする仕事の大きさによって異なる。集中して得られた結果は今後のために記録し残しておくことである。必ずしもベストではないかもしれないが次に役立つからである。別のことをしながらあるいは頭の中であれもこれも考えながら仕事をしても前後の矛盾が生じたりして効率も悪くなる。集中することは1分1秒の時間の短縮につながる。

忙しい会社生活何が出てくるかわからない、次から次へと新しい仕事が発生する。次の仕事に早く手を付ける為にも仕事は早く終わらすことである。

12　報告書の作成は起承転結にストーリー性を意識して作成する

新人時代の研修の報告書は、仕事を早く覚え一人前になる為の本人のための報告書であり、今後の仕事への活用とステップ、一所懸命頑張ると宣言した初志宣言再確認の報告書である。人間は書くことにより頭に刻み込まれさらに実務への応用が早くなる。

中堅社員の研修は新商品新サービス新技術習得の場であり、過去の古いこれらのものを作り替える機会の場でもあり、一流になる為の報告書である。新人が作成する報告書と中堅社員の作成する報告書はその意味合いが違うのであり、書き方にもそれらを意識する必要がある。中堅社員が作成する報告書の中には会社改善のヒントになる報告書もあり、中堅社員はその役割も担っている。報告書は起承転結に沿って書くことでありさらに主役である新商品新技術などの実現を強調し、ストーリー性で仕上げると文面が楽しくなり分かり易くなる。

13 提案制度は会社の業務改善と社員にやる気を与える

会社を今以上に良くする方法として会社内提案制度がある。提案制度により企業がより活性化する。この目的は会社を良くするために、社員にも独立性の精神をもって働く自らの職場を少しでも良くしていこうというものである。上から一方的に与えられた仕事や昨日までやっていた仕事をそのまま引き継ぐのでなく、社員の心の中に自分が働いている企業環境を良くする為には、どうしたらよいか。この点を改善したらもっと効率よくできないか。現在取り扱っている商品サービスをあと一工夫したらもっとお客さんに喜ばれ売り上げが増えるかもしれないというアイデアを提案してもらうことである。この工夫を促し社員が積極的に参加することにより業務が改善され時間の短縮につながり生産性が上がることが期待できる。

提案制度は個別的に経営者に提案して終わりとするものではなく、具体的に文章で表現し、ミーティング会議時に他の関係する社員や経営者と話し合って結果どうなるかシミュレーションをもって再現し賛同を得て採用するかどうか決めることである。

ただ些細な事は、この提案制度の中でミーティング会議をもって決めるまでもなく一つの提案として受け取る手もある。例えばマンネリ化したマナー向上のための提案やお客さんに対する接客方法などで、当然のことを喚起させることは時間も経費も要するものでもなくすぐに実践できるので単なる改善事項の一つとすることとする。

提案制度は、社員のコミュニケーションができていることや意思疎通ができていないと数多くの提案や有益な提案は出てこない。いつまでも時代に合った企業、地域社会にあった企業である為には、組織の充実も良い風通しも必要である。

さらに提案制度は自己実現の充実にも役立つ、自分の能力を最大限発揮したい経営者にも同僚にも認められたい、能力をもっと伸ばしたいという自己実現を少しでも叶えてくれる。職場で仕事で成長し会社にもお客さんに貢献ししていることを感じた時に、仕事に満足を覚えさらに技術を磨き専門性を深めてその上へ昇っていくことにより自己実現はさらに深まっていく。

14 専門性やスキルをＩＴに乗せる為にも早めに身に着ける

どんなにＩＴが進んでも将来においても、仕事に対する人間性が消えるとは思えない。ＩＴは今までの仕事の手順や段取りを飛ばして成果物のみを算出する。しかも人間が作る成果物よりも統一性が高いということである。初期投資額は高額であるが長期的にみると原価は人件費よりは安いということから、定型的あるいは安く提供できる単純な商品サービスの制作には向いているようである。

これからの時代定型的単純作業はＩＴに代わる可能性が高い。これからの時代は人間にしかできない仕事が求められる。「高度な判断や知識を必要とする仕事や、人間であるお客さんと接する仕事はなくならない」と言われている。

人間はＩＴが考えつかないＩＴを越える専門的知識とＩＴを活用する技術ＩＴにはできないコミュニケーション力を身に着けてる必要があり、人間にはより高度な知識と人間性が求められそうである。


ＩＴには人間社会に貢献するとか社会の発展に寄与するという発想は到底考えられない。人間社会が豊かになるためには人間の力が必要であり、そこには人間がやるべき仕事がたくさんある。

例えば人間が住む建物を作るためには設計図が必要である。ＩＴを駆使したら低価格で建築設計士に関係なく斬新な建物ができるという。しかしＩＴに個々の人間が快適に住む建物が建てられるとは到底考えられない。住む人間の個性や間取り風通しなどはＩＴを使って設計図を作成するにしても人間の手は必要である。ほとんどの仕事に言えることであるが、将来的にＩＴが人間的な心を持ち人間が住みやすい環境社会をＩＴが的確に設計し、又ＩＴが本人に合った居住地域を選び出し本人が望んでいる建物を設計建築できると言われているが、浅学な私には想像もつかない、将来的にはこのような時代が来るかもしれないということである。これが本当ならＩＴの仕事への活用はこれからも目が離せない。

15　社員をほめる会社と怒鳴る会社の差、社員の長所を多く見る

たまに創業したての会社や創業3年前後の会社の社長から「会社への貢献もせず、いい働きもしないうちから給料を上げてくれという社員がいる、他にもっと良い人はいないのかね」という愚痴みたいな話を聞くことがある。逆に「うちの会社の社員はよく頑張っている。私がいなくても仕事が思い通りに進んでいる。感謝している」という社長がいる。

この異なる意見は社長の心の持ち様である。心の持ち様により同じレベルの社員でも、良く見える社長と悪く見える社長がいるようである。

この2つの経営者の会社の成績は、経営活動の結果にも現れる。うちの会社の社員は、よく働いてくれると言ってほめて評価してくれる会社は、社員をあまり褒めず社員を怒る会社より発展するのは当然である。褒める会社の社員はやる気もでてくるし会社へ貢献する気持にもなれる。会社に貢献してないといって怒られてばかりいる会社の社員は萎縮してしまい発展的な仕事はできなくなってしまう。

人間叱られるよりも褒められる方がやる気も出るしい幾つになってもうれしいものである。

経営者は仕事を遂行する上では努めて社員の長所を見るようにし短所は見ないようにする。短所ばかりを気にしていると社員を信頼して仕事を任せることもできないし失敗しないかと必要以上に心配し、小さなミスも大きく見えてしまうものである。長所を大きく見ることによって成功した姿も目に浮かび本人への信頼性も高まる。

社員からすると期待されている自分に気づき社長の期待に応えようとして頑張るも

のである。相手の短所や欠点を見ても発展性はどこにもない。長所が伸びるほど短所は見えなくなっていくものである。

16 社員の仕事をルール化しないと効率が悪くなる

会社方針を決め社員にある程度の仕事の裁量権を持たすのは良いが、各社員間に通じる仕事のルールは必要である。例えば担当する社員が病気などで長欠する時に前担当者に聞かないと仕事が進まないでは良くない。多少本人のやり方を認めるにしても基礎的なルールは必要である。

社員を管理すると生産性が落ち自発性がなくなり、自分から動こうとせず指示を待っている社員になってしまう。社員の仕事は売上を伸ばし利益を上げ社会に貢献することで会社は成立する。管理中心の会社からは何も生まれない。とは言っても仕事に支障をきたさないある程度の統一性は必要であり会社としてどこまで許容できるかである。決してやりたい放題ではない。ルールの中での経済活動である。

Aの社員はこの方法で行い、Bの社員は別の方法で行う、仕事の内容は同じであり結果も同じである。それぞれ身についた自分の仕事の方法でこなしたのである。仕事の目的は売上を伸ばし上げ利益を上げることであり、AもBのこのことはよく理解している。

ルールの範囲内での経済活動であれば許容した方が仕事ははかどる、中小企業においては仕事の属人化は致し方ないのであるが困るのはその人が退職し仕事を引き継ぐ場合である。あまり個性的な方法だと引継ぎに支障をきたすことがあるので仕事の属人化は程々にである。

17　若い新入社員と年配社員の頭の構造は違う

20代の新人の頭の構造と社長はじめ年配者の頭の構造とは根本的に違うことを思い知らされる。それでも良く話を聞いてコミニケーションをとらないと年配者はパソコン時代に遅れることになる。若い新入社員はいつまで経っても仕事を覚えないしパソコンを使っての自分流の仕事になってしまう。

まずスマホをはじめとした情報機器の操作扱い方について、20代の新人はよく知っている。この素早い機械の扱い方と情報の収集力は仕事に役立つ。20代の新人は、そのことが仕事にどう役立つのかよくわかってない、パソコンなど電子機器を使ってする仕事は間違いなく今後主流になっていく。

このことは経営者もよく知っている。経験的にその変化の兆しはよく知っているはずである。ただその扱い方を使いこなす為には年齢的にも時間的にも大きな制約を受けるのである。

現場をよく知らない新入社員、パソコンに弱い年配社員、うまく現場の情報をパソコンに乗せると仕事の効率化が進む。新入社員に現場を教えないと使えない新入社員になってしまう、年配社員も新しいパソコンや新しいソフトの効用を知らないと新入社員にうまく仕事を伝えなくなる、仕事の統一を図るために世代間であっても意思疎通は欠かせない。

紙の書類から電子の書類へ、機械でできることは機械でやるようになる。切り替えの時代が既に到来しているのである。人には人にしかできない仕事、よりレベルの高い仕事が求められる時代が来たのであり、現場やオフィスの仕事がパソコンやネットの仕事に変わりつつある。

社員が10人のうちは、会社が上手く回っていたが20人、30人となると会社組織を構築できないでいると、人を増やしてもうまくいかない。

人の使い方は大事である。社員も人の子である。働く職場に愛着がなければ去っていく、コミュニケーションが悪ければ、経営者の希望通りに動いてくれない。それでも社員としては経営者の言う通りに動いたつもりである。これらの全体を含めて経営力である。

18 メモを取る習慣をつけよう
メモはコミュニケーションをカバーする

仕事は、相手とコミュニケーションをとり意思疎通を図りながら、あるいは仕事の報告連絡などにコミュニケーションは欠かせない。相手の人柄や性格を知る為にも必要であり、コミュニケーションは仕事の潤滑油でもある。

コミュニケーションが悪いと、相手に指示あるいは報告したことが正確に伝わっていなかったり、あるいは誤解されて伝わったりと伝達ミスも起こりやすい。

そのコミュニケーションギャップをカバーするのがメモによる書き留めです。どんなに頭が良くても上司から言われたことをすべて覚えることはできない、メモがないとうわべの話になりしばらくすると忘れてしまいます。大事なことは必ずメモすることです。

新人のうちは特に何が大事で何が大事でないかの区別がよく分からないことが多くできるだけメモを残して、何を指示されたのか抜き出し必ず見直し確認することです。電話対応時のメモも大事です。電話連絡帳にはすでに日付時間対応者などは印刷されていますが、内容は白紙です、電話の相手先が何を伝えたいか起承転結方式で頭で整理してからメモすると分かり易く伝えることができます。

新入のうちは仕事を覚えるだけで背一杯です、経験量も少ない為情報をうまく活用できないこともありますが、メモは知識の蓄積や仕事の理解度の早さに役立ちます。

よくメモをせずに頭の中で記憶しようとする人もいますが、人は忘れる動物です、すぐに忘れてしまいます。職場では新しい情報が次々入ってきます、記憶に頼ると新しい情報が入ってくると前の情報は急激に薄れてしまいます。メモがあるとメモを見ながら思い出すことができます。記憶しようとする時間もムダな時間です。メモで残すと記憶する時間が省けます。

ステージⅤ

目標とする貸借対照表の姿

01 キャッシュの流れは資金（利益）移動計算表で確かめる

貸借対照表は会社の体力を表し、損益計算書は会社の行動力を表し、資金（利益）移動計算表は、会社の血液の循環を表している。

貸借対照表には資産として現金預金、売掛金、棚卸在庫、建物、備品設備、車両、土地などが左側に表示され、負債として買掛金、未払金、借入金などの返済を要する他人資本として右側に表示され、単純にその差額として返済を要しない資本金、利益の累積である内部留保金も自己資本として右側に表示される。

資産も負債も実態として存在するが資本金、内部留保金は実態としてどこかに積み立てている訳ではない。貸借対照表のシートの右端の下部に差額として表示されるの

が内部利益留保金である。損益計算書上で計算された、法人税や配当などが差し引かれた後の利益の累計である

最近ではパソコンソフトの普及によりシートの上部に貸借対照表、その下に負債、更にその下に資本の部が表示されることも多いが決算書の内容は同じである。

貸借対照表には表示のルールがあり経営者はこの様式を是が非でも無条件で覚えてしまう必要がある。借方左側資産、貸方右側上部に負債、下部に自己資本というルールである。この左側の合計と右側の合計は必ず合うようにできており、負債が資産を上回ると自己資本がマイナスであり債務超過ということになる。経営者はこの形と貸借対照表の数字を深く頭の中に刻み込まないと経営の判断が遅れることになる。自社の貸借対照表のポイントとなる数字を無意識のうちに掴んでおく必要がある。

自社の決算書の数字は大まかに万円単位で掴んでおくことであり年一回の年次決算の数字ではなく直近の前月の数字である。

02 貸借対照表は内部利益留保金を重視する

貸借対照表を見るポイントは内部留保金がいくらあるかであり、一般投資家からの資金調達が難しい同族会社においては大きいに超したことはない。

次に使えるキャッシュ（現金預金）はいくらあるかである。キャッシュについても内部留保金同様に大きいに超したことはないが、滅多に有り余るほどの利益留保金を有する会社の事例は少ないが、運転資金を大きく越えて保有し特に近い将来投資の予定がなければ、必要資金を越えた現預金は、借入金を返済し、借入金がなければ配当や役員給与などを通して法的に個人に移しておくことも有りである。

これは将来来たるべきリスクや事業承継や相続に備える為の個人への移管である。経営する会社が大きくなり、事業を承継する引継時や相続開始の時に株の値段が高すぎると、事業承継の時に資金不足となることを防ぐ効果があり、社外に流出して自己資本金を小さくしておくことによって株価が下がることが期待できるからである。

出来れば後継者が、事業承継後のしばらくは資金繰りに困らないほどの個人資産があれば、会社の内部留保金を厚く、維持するに越したことはない。

03 内部留保金を構成する利益は損益計算書で計算把握される

損益計算書の仕組みを簡単に説明すると、一定期間内に例えば、1ケ月間（期首から当月迄）の期間、1年間（1会計期間）と期間を区切って、その期間の売上げの合計、仕入れの合計、その差額である総利益の額や、その比率である総利益率、そして給与、家賃、減価償却費などの固定費の合計、支払利息の額を表示し差し引き、経常利益の額が計算される。ここで計算される利益から法人税などを差し引いた純利益の数字が貸借対照表に内部留保金として累積表示されていく、従って内部留保金は厚いに超したことはないが、そのまま現金預金として100％残ることはないのであるから、経営者としては利益を算出することも大事であるが、さらにキャッシュ廻りを良くする事はもっと大事である。内部留保金の厚い会社の特徴は、一つは収益率の高さでありもう一つは社歴が長く堅実な会社である。

内部留保金は通常過去に何年もかけて累積してきた利益の総額である。内部留保がいくら厚くてもキャッシュがないと経営が行き詰まることがあるが、キャッシュがあれば倒産することはない。

キャッシュを悪くする一番の原因は、過大な投資失敗によるキャッシュ廻りの悪化である。次に売れない在庫の抱えすぎ、売掛金の回収遅延、不良債権などであるが、より長期的な原因は利益率の低下、あるいは赤字経営による資金不足である。

借入の繰り返しでキャッシュ廻りは良くなっても利益の出ない経営はいつまでたってもよくならない。銀行頼みの経営になってしまう。

04 もう一つの決算書として資金（利益）移動計算表を作成する

儲かった利益はどこに行ったのか？儲かった利益はどこに消えたのか？資金（利益）移動計算表は、もう一つの貸借対照表でありもう一つの損益計算書でもある。資金（利益）移動計算表も損益計算書も期首から当月末迄の計算表であり、儲かった利益はどこに行ったのか、あるいはなぜ利益以上にキャッシュが増えたのか減少したのか答えてくれる。資金（利益）移動計算表の仕組みはそう難しくはない。期首の貸借対照表と各月末の貸借対照表を比較しその差額を洗い出すことにより儲かった利益はどこに回ったのかが解明でき、別の角度からみると利益以外のキャッシュはどこからやって来たのかが分かり、減少したキャッシュはどこに廻したのかも総合的に解明できる。

借入金の返済が、利益と減価償却費の合計を超えると資金が回らなくなる。月次損益計算書と月次「資金（利益）移動計算表」からは返済額をいくら減らすと資金が回るか読み取る必要があり、その為には社長自ら常に月次決算に目を通し資金繰りが行き詰まらないか検証する必要がある。資金繰りの問題は経理の問題ではなく経営の一部である。損失額の累計は借入金の増となり損失額はいずれ借入金に変身し資金繰りを悪くする。

資金繰りを良くする為には、長期的には利益を出し続ける経営であり、短期的には借入れによる資金繰りである。その借り入れはいずれ返済しないといけないものであり、そのためには、利益と減価償却費に見合った返済計画が必要である。その時に参考となるのが、毎月作成表示される「資金（利益）移動計算表」である。不動産投資対長期借入返済のバランスは、不動産を購入する時に既に精密に計算され尽くされているはずであるが、その後の資金の出入りを実感するためにも「資金（利益）移動計算表」は短期的資金繰り表として解りやすい。

月次「資金（利益）移動計算表」は毎月のキャッシュの動きを数字の動きで摑まえることができる。損益決算書の上では黒字であるが、貸借対照表の上ではキャッシュが赤字である場合の「勘定あって銭足らず」とか「黒字倒産」の問にも答えてくれる。

単位：万円

科　目	① 期首残	② 今月末残	差額　②－①
現金預金	500	380	△120
売掛金	180	220	＋　40
棚卸商品	50	110	＋　60
建物	3,000	3,000	0
減価償却費△	0	50	△　50
借入金	2,800	2,630	△170
・・・			
利益（剰余金）	350	450	＋100

※減価償却費は社外流出ではなく使った分又は古くなった分建物の価値が下がったことを意味する。減価償却費の計上がないと計算上の利益がそ分増えることになる。

このことを図の「資金（利益）移動計算表」で説明したい。決算書の原理を応用した表である。分かり易くするために表を簡略化したものである

例、期首から今月末までの純利益100万円

キャッシュ120万円減少の原因を明らかにする

損益計算書の純利益は、貸借対照表の純資産の部の利益剰余金へ数字として流れていく。このことは期首の利益剰余金より今月末の利益剰余金が増加していることを意

味しているが、もし損失であれば今月末の利益剰余金はその分減少していくことになる。
この図表の例によると利益は１００万円算出されたのであるが、現金預金（キャッシュ）はむしろ１２０万円減少している、この原因を資金（利益）移動計算表が教えてくれる。まず資金の入りは利益の１００万円と減価償却費の50万円である。資金の出は借入金の返済１７０万円である。この１７０万円の減はキャッシュが減少したことを素直に理解できる。次に売掛金の増40万円である、これは早く回収することによりその分キャッシュが増加することを意味し、棚卸は早めに売却処分することによりその分キャッシュが増えることになる。

計算式を当てはめると
利益１００万円＋減価償却費50万円－借入返済額１７０万円－売掛金未回収増40万円－棚卸仕入れ過大60万円＝現預金減少額１２０万円ということになる。

このことを経営に当てはめると借入金の返済額が大きすぎないか返済期間を延ばすことはできないかどうか、売掛金を早めに回収できないかであり、棚卸商品を抱えすぎていないか検討することである。

損益計算書の売上は外部取引であり相手が存在するが、貸借対照表は自らの提案努力により改善するものである。

05 決算書は何時でも目を通せる状態にしておく

会計力も経営力も企業においてはなくてはならないものであり、企業を支える原動力である。

決算書は一目でわかるように、いつでもワンクリックで見れるパソコンの中に、あるいは経営者がいつでも手に取って見れる場所に保管して置く必要がある。さらに同じ様式に統一しないと、見づらい。様式が違ってくると理解するのに時間がかかり、眼が錯覚し脳が混乱し、多忙な経営者の時間が無駄になり、結果的に経営判断に使えなくなったりする。さらに経営に使える毎月の月次決算は翌月には出来上がっていることである。

会計にはルールがある。そのルールに則って、損益計算書、貸借対照表、それと直接資金であるキャッシュ（現金預金）の増減を表す資金（利益）移動計算表が意識的作成される。通常業務の中では貸借対照表と損益計算書のみが作成されるので上記の資金（利益）異動計算表は請求しないと作成されない、もともと資金（利益）異動計算表は経理の発想には入ってないのである。

経営者はこれらの会計の決算書を是が非でも覚え理解し使いこなさないといけない。決算書は経営者の通知表であり会社発展に向け避けて通ることはできないものである、時間がない、面倒くさいといって避けて通ると具体的に数字を使った経営に磨きがかからず、どんぶり勘定となり頭の整理がつかず外からの情報も経営に当てはめづらくなる。

06 決算書は経理事務員の鑑賞物ではない 経営の判断材料である

決算書は、決して経理事務員の観賞用の産物として終わらせるものではなく、決算書を生き物にするかどうかは、経営者の経営に対する経営姿勢に表れ、それが経営結果として決算書に現れる。**決算書を改善することは経営を改善することにもなる。**

決算書は決して難しいものではない、少しの努力と少しの時間さえ割けば実務の中でも覚えられる。決算書は経営者の経営行動の結果でありそれを通貨単位という数字で表したものである。売上や経費は現金預金という数字を介して取引されるのであり数字の決算書への活用は当然であり、会社経営に月次決算は欠かせない。経営数字に馴れ親しみ読みこなすことにより、経営判断や経営交渉値決めなども適切に決めることができ、赤字解消や利益増大の機会をもたらす一つの大きな武器となる。

経営者が月次決算書に馴れ、経営数字を読みこなすことができると、取引の際には真っ先に決算書の数字を頭に思い浮かべることができるようになり、決算書の数字を

現場で感覚的に取り扱う数字と組み合わせる事もできるようになり、より科学的判断ができるようになる。経営数字を基に感覚的にこれ以上安く売ると原価割れを起こすという分岐点が決算書を背景にして計算できるようになるのである。

　どの程度の値段までなら高く売ることができるか、同業他社が侵入できない値段はいくらか、多くのお客さんが喜んで買える値段はいくらかは、値決めであり経営者の重要な経営判断である。多くのお客さんが買ってもらえるためには付加価値を付けて販売するか、又は原価効率を上げ原価を下げて市場の大きさを考えて値段を安くして多く売るかの判断である。値段を安く設定して多く売れても会社が赤字になっては経営にならないし、売値を高く設定して買い手に敬遠されても経営にならない。ギリギリ利益が高く出るそのバランスが経営判断である。

07 決算書を良くすることは経営を良くすることである

決算書を単なる数字の集合体とみるか、経営に使える数字とみるかにより決算書の見方が変わってくる。経営者は決算書を経営の生き物としてとらえ過去の姿、今現在の経営の姿を正確にとらえ、今後どのように決算書を変えていくか計画の基本として位置付けるのである。

決算書の数字を良くするということは、経営を良くするということであり数字を書き変えることではない。このことが理解できないと経営にならないのである。

販売力を上げ売上を上げることも大事であるが売り物である商品サービス技術などの改善改良、売上原価の合理的な削減も大事でありこれらの努力の結果を決算書は表してくれる

「税金を払わないとお金は貯まらない」ことを理解しないと、純資産の部の利益剰余金（内部留保）は増えない。税金を払いたくないから結果として利益を計上しないというのでは経営の原理原則に反する。経営の原理原則を理解できないと、会社の長期的発展は望めない。**経営の原理原則とは、会社を発展させ社会に貢献するために守るべき基本原則である。**そのことを基本に添え会社経営をしないと会社の存在価値に歪みが出て経営が揺らいでしまう。適正なる税金の支払いはその一つであり、会社を安定させる要素でもある。基本理念が揺らぐと信用を失うどころか、会社がどこに向かうのか、今後どうなるのかよく分からなくなってしまう。

今順調に会社の資金が回っているという現実は、経営力を発揮し過去に利益を出し続け自己資本比率を充実させてきたからであり、税金を払わなかったからではない。ある程度大きくなった会社は、会計の役割をよく理解している、自社の損益も財政状態もよく理解している。そこには税金を支払うことに何のためらいもなくむしろ税金を支払えることを誇りに思っている感さえある。

08 儲け話は個人のポケットマネーで行う

自社の事業に全く関係のない不動産や株への投資、節税商品と称して安易に得られた利益は、思いもよらない小さな判断ミスにより安易に外へ流れて行きやすい。

推進者の言葉を信じて自己の事業に関係のない株や節税商品などに手を出すまえに、投資の性格を知るべしである風が吹けば儲かるが、風が止むと損をする流れを知ることである。知識のない投機物件や節税商品と称する社外流出を伴う商品には手を出さないことである。

同族会社の経営者に対して注意ができる人は誰もいない、自己判断と自己責任である。 推進者が投資を進める理由は、当方だけが儲けが出る話ではなく売買の数だけ相手には取引手数料という儲けが入るのである、当方だけが儲かる一方的な話ではないのである。

中小企業の経営者は安易に儲け話の商品に手を出さないことであり、自社の経営に没頭することである。大切な時間を他の儲け話に割かないことである、儲け話は投機の知識を身に付け、経営が安定し多少のリスクを負ってもビクともしない程の余裕資金を抱えてからにしたい。それからでも遅くはないはずである。

儲け話は最初から自己資金内での限度額を決めておくことであり、儲け話にならなければサッサと手を引くことである。余裕資金もなく借入金で儲け話に乗り損を出すこともよく聞く話であり、その損を取り返えそうとして更にのめり込むのが人の常である。その賢い対策は、最初から手をださないことである。会社の利益は社員の汗と努力の結果の産物であり投機の失敗で利益を社外に流失させてしまっては社員に対し申し訳ない。

投機話に乗るのであれば、会社を巻き込まず社長個人のマネーでやることである。個人の資産形成に良い方向に向かう場合もあり「預金から投資へ」の活用を国も進めており利子配当収入もあり決して悪いことばかりではない、個人的儲け話と会社の儲け話は峻別しないといけない。

09 借入金も内部留保金も資金調達の手段である

会社を運営経営していく上で借入金はその時その時の資金繰りを助けてくれる。設備が必要な時に、新規事業を始める時に、通常の業務の資金繰りの為に借入は必要であり、これらの資金繰りを円滑に進めるためには、内部留保（利益剰余金）も必要である。

借金をするにも内部留保を高めておくと貸し手からの信用も高い。その為にはより効率的に借入ができるような経営の基盤と経営数字を強化しておく事も大事である。

他から借り入れをしないと会社の運営ができないような会社は、健全な経営の姿ではないが、必要とする将来資金に備え金融機関からの借入もある程度必要である。

経営上は実質無借金的経営の状況を決算書から目に見える形で示し、経営者自らの目標とすることも経営方針の一つであり、頑丈な会社をつくるための方法でもある。

実質無借金経営に基準数値はないができれば、私見によると現金預金残の25％以下である。企業経営と事業資金は一体であり、新しい店舗や事業の拡大新技術の習得、予期せぬリスクへの対応など事業資金の需要はいつ訪れるか予想もつかない。金融機関からの融資を受けやすくするためにも、金融機関から経営情報を仕入れるためにも日頃から銀行とのパイプを作っておきたい。企業経営にとって無借金経営は理想であるが、必ずしも無借金経営が良いとは言えない場合もある。

いざ緊急資金を要する時に金融機関からノーと言われないためにも、日頃から適度な距離で付き合っておくことである。当然のこととして取引のない会社に対しての融資は信用調査などに時間もかかることになり短時間で融資が受けられるとは考えにくい、回収の低い関与先には貸したくないし利率も高くしたくなる。

金融機関いえども商売であり、金融機関自ら不利になる商品（貸付金）を相手に進めることはなく、自社に有利な商品を進めてくるのが普通であり、銀行との交渉も言われるままでなく、会社にとって有利で適合（金額、金利、期間、借換えなど）した条件を提示することである。

そのためには借入の際には、自社の決算書と計画表を手元に置き、借入の必要性や事業の発展性などを、経営者自らの表現で言葉で説明する必要がある。実績のある会社は決算書を提示するだけで必要以上に説明する必要はないが、実績のない会社は借入のお願いをする際にはより詳しく説明する必要がある。

10 会社経営と銀行は切っても切れない

会社経営の中で銀行とは、切っても切れない経営のパートナーでもある。

最後の最後まで迷惑をかけてはいけない相手でもある。自己資本比率70％は銀行借入金がいくらあっても余裕をもって返済できる数字である、だからその70％を目標とするのである。

自己資本比率70％以上は同族でない会社や大企業では不可能に近い数字である。同族会社ではその達成は可能な数字であり同族会社最大の長所でもある。

経営の最大の目標である利益を生むために、会計数字を駆使して後悔しないために安定資金を生み出し経営に活かしたい。

事業承継において自己資本率70％は万全である。月次決算書は自己資本比率をその都度表示し最低限会社を倒産させない為の数字を経営者に提供するものであり、経営者一人で奮闘する同族会社においては、貸借対照表は会社発展の上で羅針盤であり銀行の存在と同じように無くてはならないものである。

借入を必要とする場合、必要とする資金の１００％ではなく、借入額をできるだけ低く設定しその差額分は利益の蓄積である内部留保で補完することとしたい。内部留保がない会社は１００％借入とならざるを得ないが、将来的には内部留保の充実を図らないと資金繰りは一向に改善されない。借入金は、必ず１００％返さないとならないからである。内部留保金は返還の必要はないことからも企業経営には有利に働く。

経営に長けてる経営者であれば内部留保金が充実していても、必要資金の全額を借入金で充てて、自社の内部留保金には手を付けずに、次の計画に備え内部留保金を次の投資に投入する策もある。内部留保金は次の経営のリスクに備えるということである。どちらを選択するかは、会社の方針や経営者の性格、経営者の野心によりけりであり**会社経営は結果が全てでありどちらが正しいとは言えない。**

保守的な性格を持つ会計の面からは、内部留保を持ちながらの必要資金の100%の借入は支払利息も借入に応じて多額となるので、支払利息が営業利益の2割以下程度の借入額になるように押さえたいところである。

内部留保は過去の利益の蓄積であり、内部留保はその時その時の資金繰りのみを助けてくれるのではなく、将来使う経営のほとんどの資金の需要に応えてくれる。内部留保もなく借金に頼る経営は健全な経営とは言えない、貸す方も内部利益が小さかったりマイナスだと貸しにくいし貸したくない。個人に例えると確実に返済してくれる人には貸してもよいが、返しそうもない人には貸したくないのと同じ理屈である。

内部留保は損益決算書上の利益の累積であり、実務としてはその貸借対照表の反対側に内部留保額とほぼ同額が現預金として残っていると思われがちだが実際は、不動産や棚卸資産や他の長期売掛金や貸付金などに化けていることも多い。そうなると資金繰りが苦しくなる。それでも内部留保が高いと改善の余地があり資金の調達も内部留保が低い会社よりスムーズにいく。

11 同族会社の目標とする貸借対照表は自己資本比率70％以上である

経営数字の最大の目標は、貸借対照表に表れる安定資金を重視した内部利益の高い自己資本比率が70％以上の無借金経営である。同族会社であればなおさらである。誰にも迷惑をかけない事業の引継ぎ、あるいは最後に経営者自ら会社をたたむときのあるべき姿である。

無借金的経営でしかも自己資本比率70％というのは、貸借対照表に当てはめると現預金などの財産1億に対し7千万円の自己資本、3千万円の借入金などの負債ということである。会社をそのレベルの高い財政状態に高める為には、起業から承継清算までたゆまない会社経営努力が必要であり、会社経営の真髄を理解し楽しく経営をしてきた証しでもある。

貸借対照表は会社の体力を表し、損益計算書は会社の行動力を表していると言われており、事業の成長をいつまでも銀行借り入れのみに頼る訳にはいかず、成長に必要なキャッシュは、事業から生みださなければならない。事業資金は利益から生み出さないと、本当の成長は成し遂げられないのである。銀行借り入れは必ず返済が伴うのでありキャッシュが流出していくのである。その返済の為の借り入れは銀行が苦笑いをするだけである。人生に区切りがあるように事業にも区切りがある。その区切りの前に全ての借り入れは返済し終えておく必要がある。利益を上回るキャッシュフローが大事なのはそのためである。

ステージⅥ

社長で始り社長で終わる同族会社

1　同族会社の事業承継に遺言書は必ず作成する

相続は誰にもやってくる遠くて身近な問題です。会社の経営者は本人の退職後も出来れば誰かが会社を引き継いで続けてほしい、という強い気持ちを通常の経営者であれば持っている。しかしスムーズに会社を引き継ぐ為には、誰を後継者にするか、さらには株価の高騰による税金の問題、会社経営が思惑通り上手く流れていくかどうかの問題等の悩みなど様々あり、自分が元気な内に引継ぎのレールを敷かなければならないということに、年を取り時が流れるにつれ、深く考えるようになる。

息子や娘への事業承継においては、必ずしも真面目で仕事熱心な子が向いていると は限らず、真面目ではないが好奇心旺盛で人望が厚い子など、将来どうなるか分からない。事業承継で頭を悩ます多くが我が子へ承継です。我が子であるが故の悩みです。

事業の承継において一番大切なことは、財産の相続承継よりも後継者に事業経営の承継についての意志が強いかどうかです。やる気があり現状を理解し発展させようとする心構え、そして積極性があれば、何とか第一段階はクリアです。

事業の承継は精神的な面から見た経営の引継ぎと、物的面から見た財産や株の引継ぎに分けて考える必要があります。

精神的な面から見た引継ぎは、経営者としての経営力の引継ぎであり、それにたどり着く前に経営者研修は欠かせません し更に多くの実務経験を必要とします。

物的面からの引継ぎに財産の承継について重要な役割を果たす一つが遺言書です。

遺言書には、自社の株や会社に提供している個人の財産、その他事業に関係ない全ての財産とそれぞれの取得者を、経営者本人の意志で記入作成します。

01 後継者の配偶者の役割

中小企業においての特に同族会社における事業承継は、事業後継者の奥さんも後々重要な役割を果たす事が多いのであるから、先代が配偶者に助けてもらったように、事業後継者の配偶者も会社へ入社させ、先代経営者の奥さんの役割であった会社の内部業務の一端を任せておくことも大事です。先代なき後は、後継社長の手助け役となり、財務情報や内部事務、他の社員との連絡調整事項の報告など意外と戦力になるからです。

02 子への事業承継は余力を残しつつ退いていく

いつの時期に事業を引き継ぐかのタイミングも経営者にとって悩みの大きいところです。歳を重ね体力も気力も落ちてくると、会社経営に不安を感じ事業承継のことが頭にチラチラよぎってきます。場合によっては会社の業績にも悪い影響を与えてしまう。しかし現実は息子は頼りなく見え、息子が一人前になるまでは会社経営を退くわけにはいかないと気負いその後も社長職にとどまっていることが多く、出来れば3年から5年程度の余力を残し体力気力がなくなる前に、事業承継は完了させておくことが肝心です。その時点で引継ぎ者である息子を一人前に育てておく必要があるのですが、現実は簡単には進まないことも多く、見切り発車もあり得ることです。

時間をかけ徐々に会社に慣らしていくことにより、後継者も会社の内容が理解でき、その時から生きたアドバイスができるようになるのです。その後事業を譲った後は自らの指図は無用です。後継者を信じ一歩引いて相談役に徹することです。すっかり弱ってからのアドバイスは説得力がありませんし、いつまでも会社にしがみ付いていても老害が出てくるだけです。

徐々に仕事を忘れ余生を楽しむことが最良の引退の仕方であると思われるからです。現役のころはできなかった旅行に行ったり、趣味を思いっきり楽しんだり、美味しい料理を楽しんだり残りの人生はそう長くはないのです、必要以上の財産を残すことだけが能ではありません築き上げた財産を上手に使うことです。

後継者である息子の立場からすると5年から10年程度の社長の模擬体験期間は絶対的に必要であり、いきなり「次期社長だ」と言って会社に連れてくるだけでは良い経営者にはなれません。

社員と同じ仕事をこなし傍らでは「社長としての実務経験そして経営者研修」これらはある程度の期間は欠かせません、後継者自身にも経営者として投影させ、本人にとって良い経験も悪い経験も多くさせることで、問題発見能力を身に付けさせることです。これらの期間がないと後継者としての中小企業の社長はなかなか務まらないのです。

03 後継者には後継者なりの経営方針がある

もちろん後継者には後継者なりの経営方針があり、親の経営方針と異なることは当然のこととして受け止めることです。会社経営の目的は利益を出すことであり、利益は結果であると言われており、**どんなに社会貢献をし良い商品サービス提供し社員の福祉を充実しても、会社に利益が残らなければ、その経営は失敗であるといわざるを得ません、**一旦会社を後継者に譲った段階では親は口出ししてはいけないのであり、経営者が2人いては会社が機能しないのです。

営業出身の社長であれ、総務経理出身の社長であれ、製造建築技術出身の社長であれ、経営者研修を受けてないとか、自社の商品サービスの価値が理解できないとか、現場のことがよく分からないとかでは、社長業は務まらない。各専門業出身の社長さんがいる、それぞれに専門とした特性が出てくるのは致し方がない。**社長業も専門業の一つであり優劣があるわけではない、全てのポジションにおいてすべ**

てを知る必要はないが、経営者として経営の業を磨く期間も大事な仕事である。 100%完璧な引継ぎがあるわけでもなく、ある程度の妥協点や落としどころで手を打つ必要があるのです。

会社は結果が全てである。お客さんから支持され利益を算出し社会に貢献し生き残ってきたという結果である。若かった親である経営者も年を取って衰えていく、事業承継後は、後継者社長に任せるしかない、いつかは自分を超えることを信じて。

先代が残した社員の存在も大きい、会社に貢献してきたという自負がある、後継社長が就任してきた当初は戸惑いも不安もあるかもしれないが急には馴染めない、先代が築いた仕事の手順を踏襲しながら少しづつ変えていくことである。

04 節税を目的とした事業承継の落とし穴

事業承継は決算書から見た経理や節税の問題では無く、経営全体の将来にかかわる重要な問題です。今期は儲かっているから退職金を支払い節税を兼ねて現経営者に引退してもらうとか、逆に株価が安くなっているから今のうちに株を買い取って経営権を息子に譲り現経営者には引退してもらうという、会計や経理の都合の問題ではなく、それは経営全般に関わる問題であり、取引先の信用や従業員の納得性、銀行との調整など多岐にわたる問題です。急に現社長を辞めさせ息子が継いでも円滑に引継ぎが出来るわけではなく、時間をかけ、引継ぎのその日を決め、徐々にあらゆる仕事を渡していくという土壌が必要であり、即社長交代というわけにはいかないのです。退職金の支払いはこれらの問題が片付いてから後の問題なのです。

05 事業承継は株の引渡しと共に成り立つ

会社の承継は自社株の相続であると思ってよい。会社の承継は長男に、自社株の相続は次男にという訳にはいかないのである。同族会社にとって自社株の持分の相続が、会社経営の承継を意味するものであり、その分離による会社経営は、数々の障害が付きまとい現実問題として会社経営が阻害されることにもなりかねない。会社が大きくなればなるほど、さらに障害を来たす問題も多く出てくるからである。

自社株以外にも相続財産があるのであれば、会社に関与してない子には株を相続させないことが賢明であり、本人が希望しても株以外の他の財産を配分したほうが良く、その方が、事業承継者は経営に集中できるからです。何よりも親が立ち上げた会社であり、経営に携わっている子に事業承継し期待するのが当然の成り行きでもあるといえるからです。

それでも相続財産の配分からみて事業承継者である長男に100％の株を承継することが難しいのであれば、最低でも50％以上の株を相続させる必要がある。長い期間でみると兄弟は他人の始まりであり、株を平等に配分すると、経営判断者が複数名できて、まとまらず争いの元になる、そこは親の時代に会社経営の後継者をハッキリと決定しておく必要がある。親である経営者も複数の子が会社に在籍しているのであれば、誰が経営者としてふさわしいか見極める必要があり、会社に在籍している子にもそれなりの株を相続させることも、相続時においては経営の後継者として認められているとして相続人間ではうまく納まることが多い。

06 多額な内部留保金の承継

引き継いだ会社に多額な内部留保金が残っているというありがたい事業承継もある。前経営者の親心でもあり、前経営者の業績の結果でもあり、経営はその時その時によって変化する水物でもることを熟知している前経営者からのプレゼントであり、この内部留保金は、今後の経営の運転資金やリスク解消の手助けになる資金であるのです。まずは感謝であり恵まれた事業承継です。

その内部留保の使い途についても後継者は気を配る必要がある。無借金経営を先代から引き継いだのは良いが、そのお金の使い途に後継者は疎いところがあり、無意識のうちに無駄使いしたり、経営に不確定な不動産を買ったり、配当を多く出したり、人に言われるままに儲け話に投資したりと経営を間違えると内部留保金は湯水のごとく消えていく、引き継いだ後数年間は、貸借対照表から見た資産と負債の対比や自己資本比率を基準とした会社の財政状態、さらにキャッシュの流れを充分に理解することです。特に儲かった利益はどこに散らばっているのか、どこに隠れているのか、内部留保金は安定しているかなど実感する必要があります。

07 自社株の評価は貸借対照表と経営力で決まる

自社の価値は、貸借対照表上から計算された数値的価値と会社が今後発展するであろう期待値の両方の側面からなる。貸借対照表からの数値的価値については、資産の評価と負債の評価との差額である純資本額で評価する。

会社の将来性について高い技術やノウハウを持っているか、会社に知名度があるかどうか、今後発展する見込みがあるのかどうかにより評価される。

経営者が変わった途端に衰退していった会社もよく聞く話である。原因は売り上げ不振とか社員との不調和であったりするが後継経営者の資質の問題も大きい。

親の世代では高い業績だった会社が、子の代では業績が悪化することもよくある話である。それに伴い会社の評価も株価も下がることになる。土地については、極端に値下がりすることは少ないが、自社株の場合は会社の業績が悪化し休業閉鎖となると評価額が0に近い数字になることも十分にあり得る事であり、この目に見えないリスクは常に会社経営には付きまとうものである。

それと反対に社長が後継者に代わって発展した会社もある。例えば後継経営者のアイデアでＩＴを駆使した効率化、遠廻りをなくした工程、人脈作りに徹し仕事の受注に神経を注いだ会社など、現場をよく知らなければあまり現場に口出しせずに結果を重視し、技術者を重宝に扱い強い結束力で伸びた会社もあり、会社の価値は株評価の元となる貸借対照表の数字だけで決まるものではないことを痛感させられた事例でもある。実際会社の価値は、貸借対照表の財産的価値と会社を経営する人の経営力で決まる。

残念なことに事業失敗の原因は人使いの失敗によるものも多く、事業失敗の下では貸借対照表上の財産はアッという間に消えてなくなる。会社は人で持つといわれるがそれと同じように人もアッという間に消えていく。それゆえ後継者選びと事業承継の時期は慎重なうえに慎重を期する必要がある。

成績の良い会社ほど株価の評価は高くなり、同族会社の株は不動産のように簡単に売買できるものでもなく、相続税評価額でもって他に簡単に売買できるものでもない。

自社株の相続は、会社に携わってない相続人から見ると、会社を承継する相続人はとても有利に見えるようであり、会社経営には経営リスクが常に付きまとうことを、経営に携わってない相続人にはあまり実感できない。

相続税評価における株の評価は、経営者が築いてきた会社の評価であり、評価会社の将来性に関係なくその経営者が築いた貸借対照表の数額的価値と類似業種の株価で決まることになっており、評価できない後継者の経営力は評価の対象とは関係がないのである。

08 不動産の評価と対策

土地売買におけるその土地の売買金額は、一般的な市場における取引価格によって評価されるが、相続贈与の場合の評価額は、買い手と売り手が存在するわけではなく、財産評価基本通達により評価されることになっている。

現金預金についてはその額面で、上場株式については取引価格により適正に評価できるのであるが、相続贈与における土地や建物などの不動産、被相続人が経営する同族会社の非上場株式については取引価格が存在せず、明確に市場価格での評価額をつかむのはできない。それでは相続税の計算上困るので財産評価基本通達によりそれら不動産や非上場株式の評価の規定を置いているのである。

評価の安全性を考慮して宅地については、通常の売買価格の8割程度であり、建物については7割程度の評価といわれている。

実際の路線価地域の宅地の評価額は相続の場合路線価に基づいて評価するのである

が、その路線価は公示価格の8割程度で設定されているのが普通であり、公示価格が時価の上昇時には追い付かず7割6割ということもあり得る。
そうすると同じ1億円でも現預金で保有するよりも1億の宅地を保有したほうが宅地の評価が8千万円あるいは7千万円、建物が7千万円、6千万円と評価されるので相続税対策では現預金よりも宅地や建物を保有したほうが良いということになる。

しかし取得した不動産のその後の管理費用や管理に伴う時間的浪費、さらに土地は値上がりし続けるとは限らず値下がりのリスクや納税資金や生活資金の欠如ということにもなりかねない。

収益物件としてアパートなどを建築することは必ずしも良い事ばかりではなく、さまざまなリスクを見越した将来設計でないと後々不測の事態を招きかねないこともあるので、十分な勝算の上での建築をすることです。相続対策のやりすぎで借金ばかりを残しても意味がないからです。

09 自社株の贈与で事業承継を均していく

自社株の贈与は、毎年決算が終了するたびに自社株を評価し、数株ずつを十数年をかけて、事業承継者に贈与していくという方法です。「ちりも積もれば山となる」の如くいつの間にか相続を経ずに大部分の移転が終わっていることを実感するものです。

毎年定期的に同一同額ではなくその時の評価額により、承継会社の株を発展と承継者の経営レベルに応じて贈与移転していく方法です。書面での定期的に毎年の贈与は一括分を数回に小分けして一括贈与したと認定されることがありますのであまり進められる方法ではありません。

株の暦年贈与も他の財産と同じように、累進税率により10％から55％の税率で贈与税が計算されます。基礎控除（110万円）後の額が200万円以下であれば10％の税率により、4,500万円超であれば、その超える部分の額に55％の贈与税が課されます。つまり4,500万円の株を一回で贈与するよりも、数年間に分け毎年贈与したほうが、累進税率の作用により税額が低くなるということです。
暦年贈与の場合死亡前7年（令和5年迄は3年）以内に贈与した財産については相続税の計算に持ち戻して算入されますので死亡前7年以上の贈与に効果的です。

会社が長く存在し業績が良くなればなるほど、利益も蓄積され株の評価も上がっていきます。本来会社経営にとっては当然の姿であり会社の安定性と同時に成長性を示すものですが、事業承継を前提とする株評価の面からみると、多額の税金を支払う後継者にとって手放しで喜べないところでもあります。

事業承継対策の株の贈与は、できる限り早い方が良いことになります。親の世代において会社を大きくし安定性の高い会社に仕上げるのは経営者としての「醍醐味である」という、その気持ちは充分に理解できます。「相続開始後の株のことは後継者が考えることである」ということは理解できません。相続税を軽く払えるだけの現預金を残せるのであれば、それはそれで結構なことで大変良い事ですが、多くの場合通常は会社経営に財産をつぎ込んでおり税金を払えるだけの現預金は残ってないのが普通です。

株に係る相続財産を少しでも減らすには、株の評価を下げることです。方法としてまず考えられるのは業務に見合う最大級の役員報酬の支払による利益の圧縮も考えられます。

役員報酬は現預金として個人的に残すことができ、現預金は相続財産として100%課税されますが、納税資金として大いに活用できます。

代表者が退職するときに支払われる退職金も株評価の減に大いに活用できます。

そのためには生命保険を掛けておく方法もありますが、社内預金が潤沢にあれば保険金に頼らず社内預金で支払った方が株評価にはより効果的です。

10 贈与には暦年贈与と相続時精算贈与がある

贈与には暦年課税贈与と相続時精算課税贈与がありますが、相続時精算贈与とは60歳以上の直系尊属から18歳以上の子や孫への贈与に対し選択した

年より適用されます。相続時精算課税贈与は、贈与時に累計2、500万円までは税金を支払わなくてもすむ反面、年間110万円を超える贈与については、相続開始時に持ち戻して相続財産の対象になります。

なお一度相続時精算課税贈与を選択するとそれ以後の贈与はすべて相続税の加算の対象になるのでこの注意も必要です。暦年贈与は、相続時3年以内に贈与した分は、相続税の対象として加算されますが、その前の贈与については相続税の持ち戻し計算がされることもなく、贈与税の申告のみで完結します。このようなことから自社株の贈与については早い内から後継者に経営意識を持たすためにも暦年贈与が適しています。

なお令和5年改正により暦年贈与の持ち戻し期間が3年から7年に改正されたこと、相続時精算贈与に総額2、500万円までの贈与時控除のほか110万円までの基礎控除が新設されました。この110万円については相続税の計算の時にも持ち戻し計算の対象にならないということです。

11 生前贈与の方法により納付する相続税額も変わってくる

贈与には前記の通り2つの課税方法があります。この2つの違いは、税率と贈与者の年齢にあり、税率の差は一般的に額が大きくなればなるほど、贈与税の方が、相続税よりも税額が高くなりがちです。年齢の差は60歳を境にそれ以前は精算時課税が使えず暦年課税が中心となるということです。

人の死は全く予測できませんが平均寿命約80歳とすると、株の贈与は70歳までは暦年贈与を使い、70歳以後は相続時精算課税を使った方が有利かなと思います。早めに事業承継したい、余命が残り少ない、株の評価が毎年上昇するのであれば早めに贈与した方が良いかもしれません。

贈与は、贈与税額が基礎控除以下であれば申告不要なので便利ではあるが、相続発生時には過去に本当に贈与で子に移ったのか、親の財産なのか証明が付かず相続発生時に問題が出てくる場合があります。

子が贈与の事実を知らなかったり、贈与を受けたはずの財産を親が管理していた場合などです。贈与で現預金を受けた人が通帳や印鑑を管理してなく自由に引き出して使えないのであれば贈与とは認められません。

12 贈与したら贈与契約書の作成と贈与税の申告は必ず実行する

贈与は「贈与する側の贈与しますとの意思と受ける側の確かに頂きますの意思表示」が合致して初めて成立します。同族会社の株の贈与の場合、贈与契約書や贈与の確定申告がなされていないと本当に贈与したのか証明できません。

子への贈与を確かなものとする方法として、贈与税が課税されるなど（110万円超）の財産を贈与し、贈与の都度贈与契約書を作成し、子が贈与税の申告を行いそれに見合う贈与税を支払い、その後は贈与を受けた財産を子が管理するという方法です。従って未成年者への贈与は要注意です、贈与したつもりが親がその後も管理していたなどとして贈与にならない場合があります。

贈与の受け取りの意思表示を確認し本人が管理できる状況であれば、贈与契約書を作成することを薦めます。この贈与契約書には本人が署名し押印します。そのことにより贈与の証しとして残しておくのです。

贈与する金額は、贈与する側の今後の生活資金などを念頭に余裕資金＋アルファの資金を残しその範囲内で贈与することです。

ある程度の資産家であれば１１０万円にこだわらず２００万円、３００万円、５００万円の贈与、さらに数人の相続人がいれば複数の相続人に贈与した方が相続対策としてより効果的です。

この方法は、贈与を長く細く続けることにより節税の効果も大きくなります。相続財産の額が大きければ大きいほど節税の効果も大きくなるということです。連年贈与契約は一括贈与とみなされることもありますので、その時々の突飛な支出や生活資金などにとどめるべきです。

子が無駄遣いをするからとの理由で贈与した財産を親が管理するということは、贈与税の世界では通用しません。

贈与に際して連年贈与契約を交わすと、その契約分が一度にまとめて贈与したことになる可能性があるので、贈与契約は慎重に行うことです。例えば毎年4月1日に100万円を10年間にわたって贈与する契約は、権利確定であるとして契約の年に1000万円をもとに贈与したとされる可能性が高いのです。

13 自社株の贈与は事業の引継ぎをスムーズにする

自社株の贈与のポイントは、後継者に事業をスムーズにうまく引き継がせることです。生前に事業後継予定者に株を移して置くと相続時に株の争いは防ぐことができます。贈与には常に贈与税が付きまといます。その為には相続税法上の評価額はいくらなのか？　納税資金はいくら掛かるのかを大まかにでも知る必要があり、自社株の評価をせずそのままにしておくと、その価値も解らずましては納税資金も算出できないという状態に陥ってしまい、事業承継の計画も立てられなくなってしまいます。

自社株の評価の時期は、決算終了後が適しており、毎年評価計算を行いその評価額の動向を確認しつつ、会社の発展と後継者の成長度に応じ数株づつを贈与していくことが理想であり、前回に贈与とした株数と同じ株数である必要はなく成長度に応じて贈与することです。

暦年贈与による簡単な手順と計算方法は次の通りです。

まず、決算終了後に自社株の相続税評価額を算出します。

今回は１株当たりの評価額が120,000円であると算出されたと仮定します。

次に、贈与税の基礎控除額1,100,000円を１株当りの評価額120,000円で割って贈与税が課税されない株数を計算します。

1,100,000÷120,000＝約９株

次に、贈与する株数を決めます

９株×120,000円は1,080,000円≦1,100,000円

1,080,000円は贈与税の基礎控除額以下につき９株までは贈与税が課税されないことになり贈与税の申告も不要ということになります。

贈与する株数の選択において、９株では何十年も時間がかかるので、基礎控除額以下であっても贈与税の申告書を作成し、贈与の証拠を残しながら10株あるいは20株と……残された時間や税負担などを考慮しながら贈与する株数を決めていく方法もあります。

もう少し例をあげて計算しますと
10株贈与した場合の贈与税の計算は次の通りです。

10株×120,000＝1,200,000円≧1,100,000円
1,200,000円は贈与税の基礎控除額を超えているため贈与税の申告は必要ということになります。
1,200,000円－1,100,000円＝100,000円
100,000円×10％＝10,000円
10株の贈与で10,000の贈与税ということになります。

20株贈与した場合の贈与税額の計算は次の通りです。
20株×120,000＝2,400,000円≧ 1,100,000円
2,400,000円－1,100,000円＝ 1,300,000円
1,300,000円×10％＝130,000円
20株の贈与で130,000円の贈与税ということになります。

毎年10株ずつの贈与が20年の期間を要し長いのであれば、多少税額が高くても時間の方を優先し、贈与する株数を20株とすることにより10年に短縮したほうが現実的であることもあります

ちなみに10株の場合の贈与税の20年間の合計は、10、000円×20年＝200、000円であるのに対し、20株の贈与だと130、000円×10年＝1、300、000円と計算されます。

15株の贈与、あるいは15年の期間をかけての贈与はこれらの計算の中間ほどであり自社に合った計画に当てはめ最も適した方法を選ぶことです。又贈与税の計算は基礎控除後の金額が200万円を超えると、その超える部分の金額は15％以上の累進税率で計算されます。

気を付けたいのは贈与税率は一般的に高く設定されているので分岐点を知る必要があります。贈与の額が大きすぎると相続財産の額によっては贈与税額が相続税額を上回ることがあるので、贈与と相続財産とのバランスが大事です。

自社株の贈与はまず評価を計算し、後継者の成長度を確かめそれに応じ払える税負担額と経営者が耐える期間を予想し、徐々に引き渡していく事がポイントになります。贈与の都度の贈与契約と贈与税の申告は株を引き渡したことを示す必須条件ですので失念しないことです。くれぐれも毎年単純に一つの計画による連年贈与でなくその年その年の状況に応じて行うことです。

近年贈与税の基礎控除額、税率の改正や相続税の生前贈与持ち戻し期間の延長など税制改正が毎年のようにあります、今後とも見逃さないことです。例えば基礎控除が引き下げられたり、税率が上がったり、特に持ち戻し期間が現在の3年から7年へ延長され将来さらに延長されるかもしれないこと、又相続時精算贈与についても将来基礎控除について持ち戻し計算の対象になるかもしれないので、自社株の贈与はできる限り早めにというところです。遅くても還暦を迎える60歳ごろ前から株の贈与をスタートし、古稀を迎える70歳までには株の50％以上を80歳前までには90％以上の贈与を終えておきたいところです。

2 経営者にも共通する相続の基本

01 相続は相続人の特定から始まる

養子縁組により相続人を増やすことができます。養子も一人の相続人としての権利を有することになりますので、経営者に子である相続人が存在しない場合に、会社経営の後継者を養子として受け入れ、会社の経営のみならずその他の財産についても相続させることができます。

被相続人が先祖代々伝わるトートーメー、仏壇やお墓などを承継してもらうために、養子縁組を結ぶこともあり、この場合兄弟の子である次男や三男が引継ぐのが習しであるが、現代社会においては少子化の時代でもあり、必ずしもそうではないようです。

養子縁組は相続人としての権利を有し、他のトートーメー以外の財産も同時に相続することができ、先祖代々の家や土地を守るという風習にもマッチしているようです。現代社会においては時代の流れも早く少子化の時代でもあり、このような風習は過去のものになりつつあるようです。

被相続人の両親は既に亡くなっており、子も配偶者も兄弟姉妹もいないとき相続人不存在により財産が国に帰属することもありますので、先祖伝来の財産であれば遠い親戚や親類でお世話になった人と養子縁組を結び、その後の管理を託すことも多々あります。

過去においては病弱な被相続人を看病したり、確定申告を手伝っていた仲の良い遠い親戚の子が自分が相続できるものと思い込み、相続の申請を弁護士を通して行ったのであるが相続できなかった事例がある。養子縁組さえしていればと悔やまれる事例であった。

また相続人は配偶者だけと思って遺言書を作成せずにいたが、既に亡くなった兄弟が全く見ず知らずの者を内地で養子としていたため、相続人として名乗り出たケースがある。

ある事例であるが戦前に内地へ疎開してそのまま帰って来なかった兄弟がいた、独り身のまま無くなったと聞いていたのであるが、相続登記の為被相続人の籍をたどっていくと、戦後しばらくして戸籍上その兄弟には内地で養子縁組した子がいた。その子も相続人であることが判明し遺産分割の際来てもらったのであるが、その相続人は高齢であり、その代理の者と被相続人の配偶者との間で争いになった。

配偶者にとってはいきなり見ず知らずの者に夫の大事な財産の一部を持っていかれたといって憤慨していたのであるが後の祭りである。遺言書の偉大さを改めて身に染みた事例であった。相続人の確定が不安な時は自分の相続人を生存中に確認し確定しておくことも、相続開始後に混乱を避け争いを避ける為にも必要です。

02 遺言書は遺産分割協議書に優先する

遺言書は、遺産分割協議書に優先します。遺言書があれば遺産分割協議書は必要ありません。相続が発生した時に、誰（相続人）が何（相続財産）をいくら相続できるのか、その決め方は民法で決められており、被相続人（死亡した人）や親族、近しい友人であっても勝手に相続人を名乗ることはできません。

法定相続分に対し指定相続分は被相続人の意思で相続分を決めることができます。その意思を伝えるのが遺言書（指定相続）です。遺言書は法定相続に優先します。それは被相続人の財産は、被相続人が築き残した財産であり、誰に何を残すのか、どう処分（相続人以外の者へも可）するかは被相続人が決める方法です。

他方遺言書が無い場合は、法定相続分を基本としつつ相続人全員の合意により自由に財産の配分を決め、遺産分割協議書を作成します。自由に各相続人が取得配分の意思表示をしますので、意見がぶつかり揉めるパターンが出てきます。

遺言書があれば、遺産分割も相続財産配分の全員の合意も必要ありません。その意味では遺言書に遺産配分の意思表示を示しておけば揉めるパターンを防ぐことができ、少なくとも揉め事を小さくすることができます。

会社経営者は、会社経営を次の後継者にスムーズに渡し、スムーズに経営を続けて欲しいと願うのは常です。スムーズに会社を承継したいと思い願うのであれば、遺言書は特に株の相続には効果的です。その事業承継の中の一つである会社の株です。事業承継の問題は、株の引継ぎ、株の評価だけでなく、後継者の意欲、能力など様々な問題が詰まっていますが、とりあえず会社の所有の権利である株の承継は、遺言書を使えばひとまずスムーズに引き継ぐことができます。

03　遺留分は相続人の権利である

遺言書で遺産分割をし配分することができますが、他の相続人の遺留分を侵害すると、その後遺留分の減殺請求を受け揉める原因を作ってしまいます。侵害された相続人は他の相続人や亡くなった親に対し疎外感を感じるようになったり、その後の兄弟の仲も悪くなりがちです。

例えば遺言書に、相続財産の90％相当額を長男に相続させ、次男には相続財産の10％

相当額を相続させるような場合です。

遺留分は、法定相続分の2分の1です。例えば相続人が、子2人のみであれば、それぞれ法定相続分が2分の1であり、遺留分はその法定相続分の2分の1、つまり4分の1（25％）が各相続人の遺留分になります。この遺言書においては、長男は次男の遺留分を侵害しており次男は長男に対しその差額分の財産を請求することができるのであり、そこに争いの原因があるのです。

04 遺言書に被相続人の意思を示す

遺言書通りに財産を相続取得した結果、一部の相続人が納税できないことがないか、この点も考慮して財産を分割した遺言書を作成します。

例えば、株と不動産の全部を長男へ、現金預金は全て次男へ相続させるという遺言書を残すと、次男は納税できるが長男は納税できない状態を作ってしまいます。長男に納税できるほどの自己資金や他にも財産があり余裕があればよいのですが、余裕資金が無いと結局、土地や株などを売らざるを得なくなり納税資金を捻出しなければならなくなります。

遺言書の作成には、相続税の節税や支払い額についても考慮しておく必要があり、自宅を相続する際の小規模宅地の特例や、配偶者の税額軽減などは大いに活用できるところは、相続に争いが無ければ活用したいところです。
小規模宅地の特例については自宅の土地、事業用宅地、貸アパートの敷地など計算上複雑に絡み合いますので専門家の知識を借りることをお勧めします。

遺言書に従わない遺産分割も可能です。例えば先の例で株と土地の全てを長男へ現金預金は全て次男への遺言書であったとしても、その通りの分割でなくても、相続人全員の合意のもとで、それぞれが納得する方法で分割することもできます。この例では、土地の一部を次男へ、現預金の一部を長男へ、具体的な額をもって分割することとします。

遺言書を作成するかどうか、財産を誰に配分するかどうか、最後に決めるのは本人である被相続人であることは間違いないのですが、そこは生前日頃からのコミュニケーションが重要となってきます。長男は既に自宅を所有していれば、居住用の敷地の必要性は薄いと思われるし、次男に持ち家がなければ居住に適した土地を望むということになるはずです。

05 相続税の負担だけでなく残された配偶者のその後の生活も考える

父親の相続時、母親の相続時、それぞれ別々に節税策を考えるのではなく、今後の生活などを含め、トータル的な視点から相続を捉えた方が良く、今回の税負担の軽減だけを中心に考えないことです。

一般的に、母は父よりも長生きですから、1次相続と2次相続に分け、1次相続は父親が亡くなったとき、2次相続は母親が亡くなったときです。母親が先に亡くなるときもありますが、気丈な母が残ってくれた方が父亡き後の生活は総じてうまくいくようです。母親に財産の相続の話をすると、「私は何もいらない子供たちで相続しなさい」というのが第一声ですが、母親の今後のことを案じるとそうもいきません。

今後の母親の生活を考えると、自宅は節税に関係なく母親に相続させた方が幸せであり、現金預金についても今後の生活費に使うことや、生活の安定の為にも、母親に相続させた方がよろしいかと思います。

06 相続税の負担は両親の相続トータルで対策する

父親亡き後、母親亡き後の生活をも考慮しつつ、父と母2回の相続を想定して税負担が軽くなるように対策を考えるのが税負担軽減策の大筋です。

母親が父親よりも財産を多く持っている例はあまり多くはありません。従って相続税の対策は、財産を多く所有する父親が先に亡くなった時を前提とします。もし父親が先に亡くなっても、相続財産が基礎控除額以下であれば、配偶者への相続ではなく、子供たちが相続したほうが1次相続2次相続トータルで相続税は低くなります。

07 相続税の基礎控除額は基礎定額と相続人の数に応じて決められる

相続税の基礎控除額は課税最低限のことであり相続財産の合計額が基礎控除額以下であれば相続税の申告は必要ありません。実務上問題となるのは基礎控除に近い評価額の時です。基礎控除額以下と思い込んで申告しないでいて、後で申告漏れや評価額に誤りが見つかったときに、無申告あるいは期限後申告となり加算税や延滞金の対象になります。配偶者の税額軽減の適用を受け相続税額が0円になっても申告書の提出は必要です。

基礎控除額の課税最低限は、3千万円＋6百万円×法定相続人の数

配偶者控除の額は、相続財産の2分の1相当額と1億6千万円のいずれか多い額です。したがって配偶者が健在であれば相続の負担軽減対策は主にこれを利用します。

08 養子縁組は基礎控除額を増やし税率を低減する

孫と養子縁組をすると、相続人が増え基礎控除額が増加し、適用される相続税率も累進税率の作用により低下し、さらに相続の回数が一回省略することができます。通常相続は、親から子へ、子から孫へ移転するのですが、親から孫へ相続を一回省略することができるということです。

孫と相続縁組をするには充分に注意する必要があります。本人にその意思がなければなりません。節税の為の養子縁組は、本来の趣旨から外れますし、説得しても心境は困惑しているかもしれません。被相続人が資産家であれば多額の財産を取得し、無駄使いをするかもしれませんし、働く意欲を削ぐかもしれません。

他の相続人の相続分も減少するため納得しないとも限りませんし、他の相続人からすると自分の子をなぜ養子にしなかったんだと言い出すかもしれません。又被相続人の配偶者が納得しないこともあります。自分の子は、自分が出産した子のみであり、孫は可愛くても自分が出産した子ではないからです。

養子縁組を結ぶときは必ずその説明が欠かせません、相続開始の時に初めて知ったではトラブルの元になるからです。

09 相続財産の分割が終わってなくても申告義務は発生する

遺言書が無いと相続人全員で相続財産の分割配分を決めることになります。その分割に一人でも反対すると、分割協議は成立しません。分割が成立しなくても相続開始後10ケ月以内に相続税の申告書の提出と納税を済ましておく決まりがあります。

未分割の場合の申告内容は、相続人それぞれが相続財産を法定相続分通りの財産を受け取ったものと仮定して相続税額を計算します。

遺産分割が終了しなければ、適用できるはずの配偶者の税額軽減や小規模宅地の特例による評価減も使えませんし、被相続人の一部の通帳も凍結されますので一定額以上は引き出すことも出来ません。このような状況であっても申告期限までには、申告し納税しなければならないのです。

その後原則3年以内に分割が確定すると申告のやり直しをして、これらの配偶者控除、小規模宅地の評価減を適用し差額の税額を払い戻してもらうことができます。

遺言書があれば遺言書に従って、分割協議を開くこともなく申告期限までに確定した申告書を作成することができます。

3 社長で始って社長で終わるのも同族会社 息子や娘が引き継ぐのも同族会社

01 会社をたたむ、事業承継により経営を引退する

若いころに自ら起業した会社をたたむことは、非常に辛く残念な思いもあるでしょうが、これも経営者として最後の重要な責務であることは間違いありません。疎かにすることはできないのです。会社をたたむことによって一人の人間として次のステージへ舵を切ることができるのであり、会社をたたむことが決まったその時から前向きに次のステージへ向かってポジティブに生きることができるのです。

会社は経営者が歳をとり判断が鈍り経営不振に陥る前に、実績があるう

ちに、ある程度の余力があるうちに、会社をたたむ決断をすることです。会社は社員や取引先、会社の財産負債、借入金など様々な要素で構築されており適切なタイミングで会社をたたまないと社員や取引先、借入先、家族などに大きな迷惑をかけてしまいます。会社をたたむときはいろいろな段取りを踏む必要があります。

もし事業承継により会社を退くのであれば、早めに準備し後継者と話し合いその気になってもらうことです。

時代の流れや経営環境の変化に自分の能力では対応しきれず、自社の全盛期をいつまでも忘れきれず、昔の栄光と自信に頼るわけにはいかないのです。それは経営者自身が痛いほどわかっているはずです。会社をたたむということは資力を喪失した倒産とは違い財政状態が健全な内に会社をたたむことを意味します。同族会社は社長で始り社長で終わるのです。

02 息子や娘が会社を承継すると社員も精神的に受け入れやすい

事業承継は現経営者の子息、娘などの親族であれば従業員や取引先も精神的にも受け入れしやすくごく自然かと思います。後継者は、親である現社長が引退する以前から現経営者と経営に従事し会社経営のノウハウを習得しておくことです。

事業承継において後継者に会社を引き継いでもらうことにより、現経営者が苦手であった時代の流れに乗り、さらに発展していくことが期待でき息子や娘が後継者であればさらに嬉しさも2倍ということにもなります。

事業承継と共に残る社員への気遣いも必要です、社員には経営者が変わる不安が付きまとう、先代が経営者のうちにいかに社員を大事に扱ってきたか、社員が先代に恩義を感じているか、新社長を支えるモチベーションが自然に出来上がっているかにより新社長へのバトンタッチもうまくいく。

経営者が会社をたたんだあるいは後継者に譲ったにしても人生はそこで終わりではありません第2の人生がスタートします。現実的には経営者時代に貯蓄した預金、アパートなどの不動産収入、公的年金、退職金などによる生活資金などがあり引退後も第2の人生は続きます。老後の生活資金だけでなく趣味の旅行などの資金も念頭に置いておくことです。

経営者であれば誰もが必ず会社引退の日が来ます。会社をたたむにしろ、後継者に事業を譲るにしろ、人生の後半からは引退に向けた準備を意識して会社経営をすることです。

03 後継者の立場から見た事業承継

たまたま会社を経営している家庭に生まれた子の立場はどうでしょうか、今まで会社を譲る親の立場から見てきたが、今度は会社を引き継ぐ子の立場から事業承継を見てみたいと思います。本当に本人の意志なのか、流れでそうなったのか、無理やり継がされたのかそれぞれの立場があるはずです。

親が会社を経営しているということは、金銭的にも恵まれていると思われ、将来は親の会社を苦労なく引継ぎ仕事も保障され、生活も安定していると羨ましがられますが、現実はどうでしょうか。子の立場からすると別の会社に就職したかったとか、一生気楽にサラリーマンや公務員で過ごしたかったとかあるかもしれません。

親の仕事を子に押し付けることは必ずしも良い策ではなく、子が親の仕事を継ぎたくなった事を子が自分なりに自覚した時に継がせることです。

親が裸一貫で苦労し経験を積み上げ会社を大きくし時代の流れにうまく乗せ大きく育てた会社を他人には譲りたくない気持ちはわかりますが、無理やり押し付けるのではなく子が自然に継ぎたいときに継がせるのが自然です。子の気持ちを蔑ろにしても事業承継はうまくいかず無理やり押し付けても会社を潰すだけです。

親の号令で現社長が会長に就任し、一歩下がって子に社長の座を譲ったとしても、経営に対する親の影響はまだまだ残ります。親である会長も自分の時代とこれからの時代の経営環境が変わってきていることも薄々気づいています。

親が活躍してきた時代背景と、子がこれから経営していく時代背景は全く違うのです。親と子は顔形や体形は多少遺伝的に似ていても、経営に対する才覚や能力は人それぞれ違うのでありまず遺伝しないと思ってよい。

企業の経営者それぞれに経営手法が異なるように、経営者に沿った企業風土が出来上がっているのです。

04 会社を承継してもしばらくは親の影がついて回る

親の会社を引き継いだにしても引き継いだしばらくは親の影が付いて回ります。社長という肩書をもらっても実質的経営者は親です。後継者である社長の意見を誰も相手にしません、常に親である会長の顔色を伺います。子が親に対し経営者は自分であるから口出ししないでくれと意見したところで親子喧嘩で終わってしまうだけです。

特効薬は見つかりませんが解決方法は時間をかけることです。親が元気なうちはまず子の話を聞きません、聞いているふりをして流しているだけです。心のどこかで任せられないのです。

親が在籍している間は、割り切って別の角度から会社の現状把握やコミュニケーションを図りつつ人間関係の形成に少しづつ割り込んでいくことです。会社は人間で持ってます。一気にではなく時間をかけるのです。**社員から、会長はこうおしゃってますが社長はどう思いますかなどの相談が社員から来たらしめたものです。**

親の時代のアナログ経営と今の時代のＩＴ経営とは全く違いますし、これからもどんどん進化していきます。親の時代の経営手法が今の時代これからの時代に合うわけないのです。後継者である子は会社の現状をまず把握し徐々に変えていくことが最良の方法です。

会社を引き継ぐということは、組織というチームを引き継ぐことであり、子には子の時代に合った経営手法が必要なのです。

会社を継いだ後に心配しても何も起こりません自分の心の問題です。自分が置かれている現状を受け入れて、会社の人間に慣れ仕事に慣れ、古い時代の経営システムを新しくしていくことです。経済学でいう創造的破壊です。古いものを壊し捨て去ることによって、新しいものを取り入れ創りなおすのです。

親である会長は会長、自分は自分と間を空けながら間を縮めながら、会長も完全に引退し、自らの判断で会社経営を行い業績を残し、歳をとり体力気力の限界を感じた時に今度は自分からその事業承継の準備そしてその日を迎えるのです。裸一貫で会社を立ち上げた初代と違い一般的な2代目から3代目への事業承継は割とうまくいくといわれています。

終わりに

会社を大きくすることは、売上を伸ばし利益を上げ続けて初めてできることである。会社が、お客さんの支持を受け、地域社会に貢献し認められ門戸を開き、外部からの話や情報もよく通っており、従業員の退職の繰り返しも少なく、従業員の力を充分に活用してきたからこそできることである。

会社を大きくすることが成功だと考えると、成功した会社の経営者の特徴は、お客さんの動向よくを研究し、社会が何を望んでいるか、時代がどこにどう向かうのか先を読めており確信し、手を打つのも早く、実現したいこととやりたいことについて大きな野望があり決断が早く、人望があり専務や部長などの取り巻きにも恵まれ、部下を重用し蔑ろにせず教えたり、説明や説得もわかりやすい、図柄などをとおして説明し、細かいことにくどくど言わない、まして人を馬鹿にしたりすることはまず聞いたことがない。

さらに決算書をよく見ており常に現状を確かめ理解し、将来やるべきことや次やることを頭に描いている。決して偶然の産物ではない。思い出したらきりがないが一言でいうと社長としての風格を備えているのである。それは一つの職人技でもある。

会社は全てが大きな会社なれるわけではなく、その社長が持っている経営力の範囲の大きさによる。ものを直したり作ったりしたことには長けているが、営業には疎いとか、従業員との関係がうまくできないとか、一つに集中しているあまり何かを見落としているのである。あるいは気にしないのである。

それはそれで一つの経営形態である。会社経営を楽しみつつ他に迷惑をかけないその会社の社長に合ったビジネスモデルである。会社を経営している同族会社の社長には誰も意見できない、決算書を通して現実を知ってもらって判断をしてもらうだけである。今のビジネスモデルを変えるかどうかは経営者次第であり、経営する者がそれで良ければそれで良い。

本の内容にまとまりがなく多岐にわたってしまった。例えば起業を中心にまとめた本、経営を中心にまとめた本、事業承継相続を中心にまとめた本とテーマを絞って出版することもできたが、市場が大きければそれもできるかもしれない、ターゲットは沖縄の中小企業同族会社であり市場が内地に比べ圧倒的に小さい。起業だけの需要、経営だけの需要、事業承継相続だけの需要となるとさらに小さくなる。沖縄ならではの市場に合わせる必要がある。

この本について、第1冊目第2冊目と比較しどの本が優れていますかと聞かれたらすかさず、「この第3冊目が優れています」と答えたい。さらに次回出版予定の第4冊目はもっと優れていると答えたい。

この本の出版にあたりご協力して頂いた琉球プロジェクトの仲渠理さん、新星出版の城間さんに改めて感謝したい。

令和5年6月8日

著者紹介

平良　修（たいら　おさむ）

1952年11月生まれ　旧具志川市、現うるま市出身。1977年３月沖縄国際大学商経学部商学科卒業。1981年12月税理士試験合格、取得科目は簿記論、財務諸表論、法人税、所得税、相続税。1984年９月税理士事務所を現うるま市にて開業。開業以来TKCのシステムを利用し、税理士業の業務である税務相談や申告書の作成に加え、関与先企業の会計指導、巡回指導、経営分析業務を行っている。経営基本方針は、会計業務を中心とした経営サポート業に徹し、関与先での迅速で正確な翌月決算の作成指導であり月次決算の経営への活用である。

著書：

『ナンクルナイサでは会社経営は続かない』（新星出版　2014年）

『ナンクルナイサの経営から発展する会社へ』（新星出版　2017年）

平良修税理士事務所

住所　：〒904-2245　沖縄県うるま市字赤道255-9

電話　：０９８（９７４）８５６６

FAX　：０９８（９７４）８５６８

ＨＰ　：平良修税理士事務所　検索

沖縄の中小企業・同族会社
起業から事業承継相続まで

令和５年7月23日　初版第１刷発行

著　者　平良　修

発行所　新星出版株式会社
〒900-0001
沖縄県那覇市港町2-16-1
電話（098）866-0741
FAX（098）863-4850

発売元　琉球プロジェクト
電話（098）868-1141

ISBN978-4-910937-11-3